Herderbücherei

Band 1241

Über das Buch

„Was Pater Maximilian Kolbe für die Polen bedeutet, ein Märtyrer der Nächstenliebe, das ist Pater Engelmar für uns Deutsche."
Diese Bemerkung eines ehemaligen Häftlings aus dem KZ Dachau veranlaßte Adalbert Ludwig Balling, dem Schicksal dieses
bescheidenen, stillen Mariannhiller Missionars nachzugehen, der
sich freiwillig zur Pflege der Todkranken in der Typhusbaracke
gemeldet hat und dort – wenige Wochen vor der Befreiung des
Lagers – an Fleckfieber starb. Hunderte von Priestern hatte die
SS in Dachau in zwei Baracken zusammengepfercht, Dorfseel-
sorger und Bischöfe, katholische und evangelische Pfarrer aus
ganz Europa. Pater Engelmar war einer von ihnen. Wie hat er,
wie haben die mitgefangenen Priester diese Hölle von Menschen-
hand durchlebt? Wie schafften sie es unter den mißtrauischen
Blicken der Bewacher immer wieder, Mitgefangenen zu helfen,
das Wort Gottes weiterzusagen und sogar die Messe zu feiern?
Ein aufwühlender Dokumentarbericht – in einer Kurzfassung
von Reinhard Abeln.

Über die Autoren

Adalbert Ludwig Balling, Mariannhiller Missionar, Jahrgang
1933, von 1959 bis 1965 in der Rhodesien/Simbabwe-Mission,
1965/66 Ausbildung als Journalist, Redaktion des Missionsma-
gazins „mariannhill" (mmm).

Reinhard Abeln, Dr. phil., geboren 1938, studierte nach der ersten Lehramtsprüfung Philosophie, Psychologie, Pädagogik und
Anthropologie. Seit 1970 Journalist in der Kirchenpresse und Re-
ferent in der Erwachsenenbildung. Von Reinhard Abeln ist in der
Herderbücherei ferner erschienen und lieferbar: „Frohe Feste –
liebe Gäste. Anregungen für kleine und große Familienfeste"
(Band Nr. 921, 144 Seiten).

Adalbert Ludwig Balling
Reinhard Abeln

Speichen am Rad der Zeit

Pater Engelmar Unzeitig
und der Priesterblock im KZ Dachau

Herderbücherei

Umschlagfoto: CMM-Archiv
Abbildungen: Mariannhill, Köln

Inhalt

Vorwort

„Als die Sünde übergroß wurde,
wurde auch die Gnade übergroß.
Als die Schuld groß wurde,
wurde auch die Liebe groß."

Weihbischof Josef Buchkremer, Aachen

Im Jahre 1945 ging ein schrecklicher Krieg zu Ende, und damit fand auch die zwölfjährige gottlose Diktatur Hitlers ihr jämmerliches Ende. Unbeschreibbares Elend, namenloses Leid an Leib und Seele sind durch die Schreckensherrschaft des Nationalsozialismus über Deutschland, über Europa und über alle vom Krieg heimgesuchten Völker gekommen.

Was durch die nationalsozialistischen Machthaber an Bösem und Unmenschlichem geschah, wird niemals ganz erfaßt, niemals ganz aufgedeckt werden – von keinem Film und von keinem Buch. Das gilt ganz besonders für die Konzentrationslager, diese „entsetzlichen Todesfabriken" (Walter Nigg). Nirgendwo zeigten die Machthaber ihr wahres Gesicht so deutlich wie in den Konzentrationslagern – ganz gleich, ob sie nun in Auschwitz, Bergen-Belsen, Buchenwald, Flossenbürg, Majdanek, Mauthausen, Natzweiler oder in Neuengamme, Ravensbrück, Sachsenhausen, Stutthoff, Theresienstadt, Treblinka und Dachau standen.

Alle Konzentrationslager waren grauenhaft und unmenschlich. (Insgesamt gab es in Mitteleuropa 27 KZs mit 329 größeren Außenlagern, nicht mitgezählt die Lager in Griechenland, Italien, Jugoslawien und Norwegen.) Sie sollten in erster Linie die Nazi-Gegner absondern, diffamieren, entwürdigen, zerbrechen (auch und gerade seelisch) und damit für immer „unschädlich" machen. Die Fernsehserien „Holocaust" und „Spiel um Zeit" (Das

Mädchenorchester von Auschwitz) waren bedrückende Trauerspiele über die KZ-Situation, aber es blieben bruchstückhafte Szenen. Die Wirklichkeit war unendlich viel grausamer.

In Dachau wurde – keine zwei Monate nach der „Machtergreifung" Hitlers – das erste Konzentrationslager in Deutschland errichtet. Es wurde zu einer Musterschule der Gewalt und der Unmenschlichkeit – zum Inbegriff aller Konzentrationslager. Über 200 000 Gefangene aus fast 40 Nationen wurden hier registriert. Unter ihnen waren viele Priester und Geistliche: katholische (fast 3000 an der Zahl), orthodoxe und evangelische. Ihre Menschenwürde wurde in diesem Lager (im sogenannten „Priesterblock", das waren die Baracken 26 und 28) buchstäblich mit Füßen getreten.

Einer unter den katholischen Priestern war der Mariannhiller Missionar Pater Engelmar Unzeitig. Vier von sechs Priesterjahren verbrachte er im KZ Dachau. Ehemalige KZ-Priester nennen ihn den „Maximilian Kolbe der Deutschen", gelegentlich auch den „Engel von Dachau" oder den „Märtyrer der Nächstenliebe". Pater Engelmar meldete sich kurz vor Kriegsschluß freiwillig zur Pflege der an Fleckfieber erkrankten Gefangenen. Dabei wurde er selbst infiziert und starb am 2. März 1945, nur wenige Wochen vor der Befreiung Dachaus durch die Amerikaner. Es war ein bewußter Gang in den Tod. Ohne Rücksicht auf seine Gesundheit, still und ergeben – und doch voll Vitalität für das Reich Gottes – half Pater Engelmar denen, die sich selbst nicht mehr helfen konnten. Im Namen des Herrn verzehrte er sich für seine kranken Mitbrüder und opferte ihnen sein Leben. Motto seines Handelns war das Johanneswort: „Eine größere Liebe hat niemand, als wer sein Leben hingibt für seine Freunde" (Joh 15, 13).

Diese Schrift schildert das Leben und Sterben von Pater Engelmar; sie zeigt auf, wie sehr für diesen stillen und unauffälligen Mariannhiller das Leben letztlich ein Dienst an den Mitmenschen war – ein Dienst im Dienste Gottes. Gleichzeitig berichtet der Band von vielen anderen Geistlichen, die im Konzentrationslager Dachau lange Leidensjahre verbrachten, die leidend und sterbend Zeugnis abgelegt haben für die Würde des Menschen und für den Gott des Lebens, dem sie sich anvertrauten, die „selbst durch die Mühle gedreht, vollständig gebrochen, zu Brei zerrieben, nicht anders konnten als Süßigkeit spenden" (Helder Camara).

Darüber hinaus berichtet diese Schrift (bruchstückhaft natürlich) über das Konzentrationslager Dachau, über das Lagerleben, die bestialischen Zustände und über die Schikanen der SS. Die Schilderungen – zu Beginn sowie in den nachfolgenden Kapiteln verstreut – bleiben weit hinter der Wirklichkeit zurück. Leid und Schmerz lassen sich letztlich weder in Worte fassen noch statistisch belegen. Dennoch soll deutlich werden: Nirgends und niemals waren so teuflische, so satanisch-brutale Henker am Werk wie in Hitlers Vernichtungslagern.

Der Dichter Ernst Wiechert schrieb 1939 (!) über seine Erfahrungen im KZ Buchenwald: „Ich habe nur am Tor gestanden und auf die dunkle Bühne geblickt ... Aber die Speichen des schrecklichen Rades begannen sich schon zu drehen, und Blut und Grauen tropften aus ihrem blitzenden Kreis."

Speichen des schrecklichen Rades – das waren alle, wenn einmal vom SS-Apparat erfaßt. Speichen am Rad der Zeit.

Sich wehren oder verteidigen war nicht möglich. Sich aufbäumen wäre zum direkten Verhängnis geworden. Das wußten alle. Den Priestern in Dachau war es ebenso klar wie den Insassen von Auschwitz oder sonst eines Konzentrationslagers.

Dieser Band ist eine überarbeitete Kurzfassung des Buches von Adalbert L. Balling „Eine Spur der Liebe hinterlassen. Pater Engelmar (Hubert) Unzeitig, 1911–1945, Mariannhiller Missionar, Märtyrer der Nächstenliebe im KZ Dachau" (392 Seiten, 32 Seiten Fotos, Missionsverlag Mariannhill, Würzburg/Reimlingen 1984). Wer sich also noch gründlicher über die Gestalt Pater Engelmars, das Leiden und Sterben seiner Mitgefangenen sowie die menschenverachtenden Verhältnisse im KZ Dachau vor dem Hintergrund der Nazi-Zeit informieren will, der möge zu dieser ausführlichen Biographie greifen.

Reinhard Abeln

1.

Dachau – Hölle von Menschenhand

Dachau – ein „frischer, froher und lachender Ort" (Lorenz Westenrieder) mit einem herrlichen Schloß, alten Bürgerhäusern, dem schönsten Barocksaal nördlich der Alpen! Die 1200jährige Stadt vor den Toren Münchens. Die größte deutsche Künstlerkolonie um die Jahrhundertwende...

Das Dachau der modernen Touristenprospekte ist nicht das Dachau, das sich in der Erinnerung an das Naziregime präsentiert. Die Dachauer leiden denn auch unter diesem Alptraum. „Den guten Namen haben sich die Dachauer in ihrer jahrhundertelangen Geschichte verdient, den schlechten Namen hat ihnen ein verbrecherisches System ungefragt aufgezwungen", schreibt Dr. Lorenz Reitmeier, Oberbürgermeister dieser Großen Kreisstadt in Bayern. „Dachau wurde zum Negativsymbol; die weltweite Bewunderung für den einstmals großen Künstlerort ist lange Zeit der weltweiten Verdammnis für das schreckliche Inferno gewichen."

Hitlers Schreckensherrschaft endete 1945. Das Schaudern über den Namen Dachau ist teilweise bis heute geblieben. Das nazistische „Kainsmal" wird dieser Stadt noch lange anhaften. Dachau ist der Ort, wo – seit März 1933 – das berüchtigte Konzentrationslager stand, wo Zigtausende auf menschenunwürdige Weise zusammengepfercht lebten und schufteten, wo viele von ihnen zu Tode kamen.

Das Konzentrationslager Dachau war ein Rechteck von zirka 300 Meter Breite und 600 Meter Länge. Westlich davon lag das SS-Lager, viel weiträumiger als die Barackenstadt der Häftlinge, mit breiten asphaltierten Straßen, etwa 250 Gebäuden – darunter Lazarette, Kleidermagazine, die berühmt–berüchtigte SS-Junkerschule, das persönliche Stabsgebäude Himmlers, Kasernen für die SS; zahlreiche Fabriken zur Herstellung von Waffen, Porzellan, Ausrüstungsgegenständen jeder Art; Lehranstalten, Büros, Post, Standesamt, Vergnügungsanstalten, Theater, Kino, Kasino, Sportplätze, Schwimmbad, Wohnhäuser für SS-Familien u. v. m.

Diese SS-Stadt, unmittelbar neben dem KZ, war mit Hilfe von billiger Häftlingsarbeit errichtet worden. Vom „Militärlager" der SS führte eine breite Straße zum Gefangenenlager, an deren Ende das Verwaltungsgebäude lag, auch Jourhaus genannt, mit Durchgang zum KZ; am Eisengitter des Tores standen die Worte „Arbeit macht frei".

Das eigentliche KZ (rechts vom „Wurmbach") war mit hohen Mauern und elektrisch geladenem Drahtverhau umgeben. Von hohen Wachtürmen aus konnte das Gesamtgelände im Auge behalten werden. Tag und Nacht waren SS-Leute auf Posten, nachts bestrahlten mächtige Scheinwerfer die Baracken. Ununterbrochen patrouillierten Streifen mit Spürhunden um das Schutzlager, das obendrein von einem Wassergraben umgeben war, ferner einem Laufsteg für die Posten nebst „Todesstreifen", bei dessen Betreten meist ohne Anruf geschossen wurde.

Die sieben Wachtürme waren so angelegt, daß das Gesamtlager keinen toten Winkel hatte und die Maschinengewehre praktisch jedes Fleckchen erreichen konnten. „Tatsächlich ist niemals ein Gefangener direkt aus dem Schutzlager geflohen; die wenigen Ausbrüche gelangen

Pater Engelmar Unzeitig CMM, 1911–1945

aus Arbeitskommandos außerhalb des Lagers" (Raimund Schnabel: Die Frommen in der Hölle). Auf der Südseite, innerhalb der Mauern und des Stacheldrahtes, befanden sich die sogenannten „Wirtschaftsgebäude": Küche, Wäscherei, Baderäume, Bekleidungskammern, Schlosserei, Schusterei, Strumpfstopferei, Schreibmaschinenwerkstätte, Bunker (auch für „gefallene" SS-Leute) und dergleichen mehr.

Rechts und links der großen Lagerstraße standen je 17 Baracken, die Unterkünfte für die Häftlinge. In den ersten Blocks (Baracken) links befanden sich die Büros für den Arbeitseinsatz und die Lagerschreibstube, ferner Bibliothek und Kantine sowie Räume für die „Beamten" und Arbeiter verschiedener Werkstätten. Das Revier (Krankenbaracke) war je nach Patientenzahl in den ersten fünf oder sechs Baracken rechts untergebracht. Die linken Baracken/Blocks hatten gerade, die rechten ungerade Zahlen.

Die Priesterbaracken – wir werden sehr ausführlich noch von ihnen zu berichten haben – waren die Blocks 26 und 28. Anschließend an Block 29 befand sich der Kaninchenstall (mit ca. 4000 Chinchillas, deren Wolle als Futter für Fliegerwesten diente), das Desinfektionslager sowie – zeitweise – das Lagerbordell, das – nach Franz Goldschmitt (Zeugen des Abendlandes) – von 95 Prozent der Häftlinge verächtlich ignoriert wurde und daher bald wieder verschwand.

Nördlich von Block 30 lag das Verwaltungsgebäude für die Gärten, in der Häftlingssprache „Plantage" genannt; diese dehnte sich mit rund 60 Gebäuden, Mühlen, Höfen, Trockenanlagen, Verkaufsbaracken, Büros etc. rechts vom umzäunten Lager aus, also außerhalb des eigentlichen Häftlingsbezirkes. Zwischen Wirtschaftsgebäude und Baracken lag der große Appellplatz. Hier mußten die Häftlinge täglich zweimal antreten; hier wurden Häftlinge bisweilen körperlich gezüchtigt, besonders solche, denen ein Fluchtversuch mißlungen war. Von hier aus marschierten die Häftlinge in Arbeitskolonnen und mit einem „Lied auf den Lippen" zu den Arbeitsplätzen. Hierher kehrten sie „singend und frohgemut" zurück. Mitunter spielte das Lagerorchester flotte Märsche. Hier wurden auch die berüchtigten Auslesen nackter Gefangener für den sogenannten „Invalidentransport" (Vergasung in Hartheim bei Linz!) getroffen. Von hier aus wurden die Überweisungen der Kranken ins Revier vorgenommen. Hier mußten die Häftlinge die Siege Hitlers während der ersten Kriegsjahre feiern. Hier durften sie mitunter sogar Sport treiben.

„In den Schreckensjahren des Lagers war es Sitte und Brauch, daß Häftlinge, die vor dem Abendappell oder in der Nacht gestorben waren, (als Leichnam) mit zum Appellplatz getragen werden mußten. Sie wurden hinter die letzte Reihe ihres Blocks auf die Erde gelegt und dann mitgezählt. Erst nach dem Zählappell durften sie zur Totenkammer abtransportiert werden... Häftlinge, die zur Strafe auf dem Bock verurteilt worden waren, bekamen 25 Doppelhiebe. Das ganze Lager mußte zusehen und die Jammerschreie anhören" (Hans Carls: Dachau).

Zum Appellplatz führte die etwa 300 Meter lange und 30 Meter breite Lagerstraße, die beiderseits von Pappeln gesäumt wurde. Edmond Michelet, französischer General und späterer Justizminister, nannte sie ironisch die „Straße der Freiheit". Die vor jedem Block stehenden (zwei) Bäume wurden von den Häftlingen „Blutpappeln" genannt, weil bei der Errichtung des Lagers und vor allem beim Pflanzen dieser Bäume viele Gefangene durch Fronarbeit gestorben sind.

„Auf dieser Straße entfaltete sich das ganze Lagerleben am frühen Morgen, in der Freizeit, am Mittag und am Abend. Hier trafen sich Freunde und Bekannte, um sich zu unterhalten. Hier wurden Erlebnisse erzählt und besprochen, hier lernte man Kameraden kennen. 1942 war die Straße nur von Deutschen, Polen und Tschechen bevölkert... Mit dem Jahr 1943 änderte sich dieses Bild. Es kamen Russen, Franzosen, Belgier, Jugoslawen, Italiener, Dänen, Norweger, Ungarn, Spanier, Ukrainer, Slowenen, Kroaten, Griechen, Armenier, Rumänen, Serben, Schweizer. Die Straße glich der Hauptstraße einer großen Weltausstellung. Die deutsche Sprache verschwand mehr und mehr. Man hörte ein Gewirr von verschiedenen Sprachen, unter denen zuerst die russische, später die französische vorherrschte. Politisieren war streng verboten" (Hans Carls a. a. O.).

Lagerleben hinter Stacheldraht

Jede Baracke (Block) war knapp 100 Meter lang und 19 Meter breit; sie hatte vier Wohn- und vier Schlafstuben, für je etwa 50 Insassen berechnet; während der Kriegsjahre waren sie meist maßlos überbelegt. Die Aborte und Waschräume lagen zwischen zwei Einheiten, das heißt, je zwei „Stuben" mußten sich WC und Waschraum teilen: acht Trichter und acht Pissoire. Da häufig das Wasser knapp war, konnte nur am frühen Morgen oder am späten Abend die Wasserspülung benutzt werden.

Im Waschraum standen an der Wand entlang sechs Behälter zum Waschen, ebenso mitten im Raum noch zwei größere Becken, in die 16 Wasserstrahlen von der Decke herabmündeten. An diesen sechs Behältern und an den zwei Becken wuschen sich die Häftlinge jeden Morgen mit entblößtem Oberkörper.

Die Abortanlagen waren – laut Goldschmitt – „mustergültig, praktisch und peinlich sauber".

Im Wohnraum befanden sich Tische und Schemel. „Hier schlug man die freie Zeit mit Lesen, Schreiben, Flickarbeiten, Spielen und Läusefangen tot. Längs der Fenster waren Schuhregale, an den beiden Wänden ohne

Fenster schmale Schränke (Spinde genannt) mit Platz für Eßgeschirr, Handtuch, Tischtuch usw." (Goldschmitt).

Im Schlafraum standen die Betten: Holzgestelle mit Strohsäcken, je drei übereinander. Der Boden der beiden Stuben mußte stets gebohnert sein; man durfte sie nur in Sandalen, Hausschuhen oder Strümpfen betreten. Franz Goldschmitt: „Vor der Tür zog man die gereinigten Schuhe aus, trug sie barfuß zum Regal und wechselte sie dort mit den Schlappen. Diese ärgerliche Operation machte man wohl zwanzig Mal am Tag."

Das Essen wurde in zwei Gruppen gefaßt. „Wir standen einer hinter dem andern mit einem Topf in den Händen und drückten uns langsam zum Trog (großer Eßkübel). Dabei wurde manches verschüttet, über Kleider gegossen. Es gab Zwischenfälle, Tiernamen, Balgereien..." (Goldschmitt). Bei gutem Wetter aßen viele Häftlinge auf der Lagerstraße oder im Waschraum. Es ging fast immer sehr hastig zu. In fünf Minuten hatten die meisten gegessen, abgespült, das Geschirr wieder weggeräumt.

Neben der harten Fronarbeit, dem Tragen der Eßkübel, dem Schneeschaufeln im Winter und dem Einsatz in der Kiesgrube graute den Häftlingen vor allem vor dem Bettenbau. Fast einstimmig schildern die Überlebenden diese Qual: Der Strohsack mußte kantig, glattgestrichen in das rechteckige Holzgestell passen. Das Glätten war ein Problem. Wehe, wenn Falten oder Einbuchtungen festgestellt wurden! Viel Schweiß wurde dabei vergossen. Das steife Seegras oder Heu, mit dem die Strohsäcke gefüllt waren, bröselte leicht. Das Leinentuch mußte kunstgerecht über den ganzen Strohsack gespannt und die graue Decke so zusammengelegt werden, „daß die beiden blauweißen Streifen dicht an den Rändern gerade noch sichtbar waren. Behutsam rollte man sie über das Bett, genau 20 Zentimeter vom Fußende des Bettes entfernt (ja keine 19 Zentimeter!) und zog sie zum Kopfkeil hin. Hier mußte sie treppenartig auf das Kissen steigen" (Gold-schmitt).

Später, etwa im Frühjahr 1943, verschwanden die Leinentücher immer mehr; man nahm das Bettenbauen nicht mehr gar so genau. Davor gehörte es „zu einer der schlimmsten Gefangenenquälereien" (Goldschmitt).

Beherrscht und vielfach terrorisiert wurde das Lager von rund 150 Kapos (Arbeitsvorstände) und ebenso vielen Unterkapos. Hinzu kamen für jeden Block ein Blockältester, vier Stubenälteste „und sonst noch allerhand Geschmeiß, das gern faulenzte und den großen Herrn spielte" (Goldschmitt). Über diese Häftlinge in Aufpaßsituationen wird noch manche Greueltat zu berichten sein. Viele von ihnen waren Kriminelle.

Zum Blockpersonal gehörte auch der Rasierer. Kein Häftling durfte sich selbst rasieren. Die SS hatte wohl Angst, es könnte sich einer aus Verzweiflung den eigenen Hals durchschneiden. Zweimal im Monat wurde der Kopf jedes Häftlings rasiert, zweimal in der Woche das Gesicht – und jedesmal der ganze Körper, wenn eine Laus gefunden wurde. Den Russen und Italienern schor man zeitweise die Köpfe nicht ganz kahl, sondern von der Stirne bis zum Nacken einen vier Zentimeter breiten Streifen; die Mithäftlinge nannten das spöttelnd „Russenstraße" bzw. „Autobahn".

Der Kapo meldete jeden Morgen nach dem Zählappell die Zahl der Angetretenen auf dem Arbeitseinsatzbüro. Von hier aus wurde die Küche benachrichtigt.

Die Uneingeteilten mußten tagsüber auf dem Block bleiben und wurden oft grausam schikaniert. Sie bekamen auch keine Brotzeit und zitterten vor dem plötzlichen Befehl: „Alle Uneingeteilten antreten!" Oft mußten sie dann stundenlang auf dem Appellplatz oder im Baderaum stehen, wurden untersucht, aussortiert und mitunter in andere (Vernichtungs-)Lager geschickt. Die zwischen 1942 und 1944 nach Hartheim bei Linz/Österreich überstellten

„Invalidentransporte" waren für die dortige Gaskammer bestimmt; ihre Zahl wird mit 3166 angegeben. Die Dachauer Gaskammer funktionierte nämlich von Anfang an nicht; wahrscheinlich war Sabotage mit am Werk, vermutlich sogar seitens eines hohen SS-Mannes.

Anders das Krematorium. Das erste, kleinere stammte aus dem Jahre 1940. Im Zuge der von Hitler geplanten Massenvernichtung wurde 1942 in aller Eile ein größeres gebaut, auch „Baracke X" genannt. Die dort eingerichtete, doch nie in Betrieb genommene Gaskammer war als Brausebad getarnt. Beim Bau des großen Krematoriums mußten viele polnische Geistliche als Maurer mitwirken. Da vor allem während des Hungerjahres 1942 mehr Leichen anfielen, als in den vier Öfen zu Asche verbrannt werden konnten, sammelte man die halbverkohlten Gebeine, brachte sie zur Knochenmühle und verkaufte das Produkt an die Bauern der Umgebung als Düngemittel.

Nach oben sich duckend, nach unten tretend

Im Rahmen der Beschreibung der Gesamtanlage des KZ Dachau sind noch zu nennen:
- die Kantine, wo die Häftlinge zeitweise Extra-Waren einkaufen durften; bis Anfang 1942 gegen Bargeld (jeder Häftling durfte RM 20,– besitzen), dann gegen Gutscheine; hier gab es u. a. Rübenmarmelade, Haferplätzchen, Gurken, Muscheln, Schnecken, manchmal sogar Zigaretten – alles sündhaft teuer;
- das Museum mit medizinischen Präparaten, Bildern und Modellen, auch von mißgestalteten Häftlingen, die auf den Invalidentransporten ums Leben kamen, oder Schädeln, Körpergliedern etc. von besonderem Ausmaße;
- die Lagerschreibstube, in der eine Übersicht über alle Häftlinge des Haupt- und der vielen zu Dachau gehöri-

gen Nebenlager geführt wurde, fein säuberlich in Karteikarten eingetragen; der Lagerschreiber, ein Häftling, mußte zusammen mit den Blockschreibern täglich einen Bestandsbericht liefern;

- die Bibliothek, die viel benützt wurde; die meisten Bände hatte man den Gefangenen bei ihrer Einlieferung abgenommen;
- das Revier (die Krankenbaracken), in das die erkrankten Häftlinge aufgenommen wurden; Pfleger waren Mithäftlinge, an deren Spitze ein Revierkapo stand. „Ein sadistisch veranlagter Revierkapo beseitigte ohne Wissen des aufsichtshabenden SS-Arztes kranke Gefangene mit Hilfe von Spritzen sowie durch selbst ersonnene Torturen" (Johannes Neuhäusler: Wie war das im KZ Dachau?).

Obwohl an der Spitze jeder Baracke ein SS-Mann stand (in den Kriegsjahren übernahm er mehrere Blöcke), waren die eigentlichen „Herren" die Block- und Stubenältesten sowie die Blockschreiber – alles Mithäftlinge. Von ihnen hing viel ab, auch wie sich das Lagermilieu in den Stuben auswirkte.

„Alle Verwaltungsangelegenheiten des Blockes", so Neuhäusler, „ruhten auf den Schultern des Blockschreibers. Dazu gehörten Rapporte und Listen über den Bestand und die Ernährung, Postvermittlung usw. Der Blockschreiber war der Untergebene des Lagerschreibstubenführers, von dem er alle Befehle und Aufträge erhielt. Die gefangenen Funktionäre wurden wie die anderen Häftlinge behandelt. Die SS sah in ihnen nämlich nur Geschöpfe, denen es nicht erlaubt war, selbständig zu denken; für das geringste Vergehen wurden sie an Ort und Stelle geohrfeigt... Die Gefangenen, die in der Lagerschreibstube waren und die Funktionen der Blockschreiber ausübten, waren zu 80 Prozent Leute, die die Mitgefangenen in jeder Lage zu retten versuchten und, wo sie nur konnten, ihnen Erleichterung verschafften, wobei sie nicht auf Nationalität, politische Überzeugung usw. achteten. Dabei prallten sie häufig sogar mit der SS-Behörde und den Block- und Lagerältesten zusammen. Im Laufe der Jahre gewannen die verschiedenen Lagerfunktionäre aufgrund der schwierigen Lage an der Front solchen Einfluß, daß es ihnen gelang, Hunderte von Gefangenen zu retten" (a. a. O.).

Freilich, auch das muß erwähnt werden, gab es unter den Kapos Radfahrer – „nach oben sich duckend, nach unten tretend", Sadisten und Menschenquäler. „Mitmenschlicher" – so Neuhäusler – wurde die Lage in Dachau, als Weiß Lagerkommandant wurde. Er führte wohltuende Änderungen ein und verbot das willkürliche Schlagen der Häftlinge durch die Kapos.

Die Grundhaltung der SS wurde in Dachau „vor Ort" eingeübt: Das KZ bot sich gleichsam als „Praktikum" für die SS-Jungführer an. „Sie mußten Andersdenkende bewachen, wahrscheinlich foltern, vielleicht sogar töten, um ihr SS-Reifezeugnis zu bekommen. Täglich wurde ihnen eingebleut, die Insassen der KZs seien Staatsfeinde, Juden, Verräter, kurz: unwertes Leben" (Max von der Grün: Wie war das eigentlich?).

In Dachau wurden praktisch alle SS-Leute geschult. Hier war Adolf Eichmann Unterscharführer (1934), hier „lernte" Rudolf Höss, der berüchtigte Lagerkommandant von Auschwitz, als Block- und Rapportführer (1934/38). Die Brutalität und Härte dieser in Dachau geschulten Männer spricht aus den autobiographischen Aufzeichnungen von Rudolf Höss, während seiner eigenen Inhaftierung 1946/47 in Krakau geschrieben: „Die zur Vernichtung (im KZ Auschwitz, Anm. d. Verf.) bestimmten Juden wurden möglichst ruhig, Männer und Frauen getrennt, zu den Krematorien geführt. Im Auskleideraum wurde ihnen durch die beschäftigten Häftlinge des Sonderkommandos in ihrer Sprache gesagt, daß sie hierher nur zum Baden und zur Entlausung kämen, daß sie ihre

Kleider ordentlich zusammenlegen sollten und vor allem den Platz zu merken hätten, damit sie nach der Entlausung ihre Sachen schnell wiederfinden könnten... Nach der Entkleidung gingen sie in die Gaskammern, die, mit Brausen und Wasserleitungsrohren versehen, völlig den Eindruck eines Baderaumes machten... Die Häftlinge und ein SS-Mann blieben bis zum letzten Moment in der Kammer. Die Tür wurde nun schnell zugeschraubt und Gas durch die bereitstehenden Desinfektoren in die Einwurfluken durch die Decke der Gaskammer in einen Luftschacht bis zum Boden geworfen. Durch das Beobachtungsloch in der Tür konnte man sehen, daß die dem Einwurfschacht am nächsten Stehenden sofort tot umfielen. Man kann sagen, daß ungefähr ein Drittel sofort tot war. Die anderen fingen an zu taumeln, zu schreien und nach Luft zu ringen. Das Schreien ging aber bald in ein Röcheln über, und nach wenigen Minuten lagen alle da... Den Leichen wurden nun durch ein Sonderkommando die Goldzähne entfernt und den Frauen die Haare abgeschnitten. Hierauf wurden sie durch den Aufzug nach oben gebracht vor die inzwischen angeheizten Öfen..."

Und weiter schreibt Höss: „Ich habe beobachtet, daß Frauen, die ahnten oder wußten, was ihnen bevorstand, mit der Todesangst in den Augen die Kraft noch aufbrachten, mit ihren Kindern zu scherzen, ihnen gut zuzureden. Eine Frau trat einmal im Vorbeigehen ganz nahe an mich heran und flüsterte mir zu, indem sie auf ihre vier Kinder zeigte: ‚Wie bringt ihr das bloß fertig, diese schönen, lieben Kinder umzubringen? Habt ihr denn kein Herz im Leib?‘ – Ein alter Mann zischelte mir einmal im Vorbeigehen zu: ‚Diesen Massenmord an den Juden wird Deutschland schwer büßen müssen.‘ Dabei glühten seine Augen vor Haß..." (Kommandant in Auschwitz).

Wenn auch diese Art von Greuel den Dachau-Häftlingen erspart blieb, weil, wie erwähnt, die Gaskammern nie funktionierten, so wußten sie doch um das Schicksal derer, die in die Vernichtungslager bzw. nach Hartheim abtransportiert wurden. Und es waren ja auch Häftlinge aus jenen Lagern zu ihnen gestoßen; durch sie waren die „Dachauer" ziemlich gut informiert über das, was in Auschwitz, Mauthausen, Flossenbürg und anderen KZs vor sich ging.

Freilich stimmt auch hier, was Martin Walser einmal sagte: „Was Auschwitz war, wissen nur die Häftlinge. Niemand sonst!" Das gilt übrigens für jedes Lager, auch für Dachau. Deshalb werden in dieser Schrift immer wieder Augenzeugen, Berichte von ehemaligen KZ-Dachau-Häftlingen, zitiert werden.

Systematischer Vernichtungsplan auf Hitlers Befehl

„Ungeziefervertilgung" nannten die Nazis den millionenfachen Mord an Juden, Zigeunern, Russen, Polen, Behinderten, Asozialen, Geistlichen... Den ersten schriftlichen Befehl zur Massentötung von Kranken erließ Hitler – auf den Tag genau – am ersten Tag des Zweiten Weltkrieges; aufgrund dieses Führerbefehls vom 1. September 1939 wurden in den nächsten zwei Jahren rund 100 000 Deutsche, „unnütze Esser", von Amts wegen getötet, vor allem Patienten in Heil- und Pflegeanstalten, darunter viele Kinder. (Die hier genannten Zahlen basieren auf Sebastian Haffners Buch: Anmerkungen zu Hitler. Auch die folgenden Ziffern entstammen weithin diesem fundierten Werk.)

Die Ausrottung des „unwerten Lebens" stieß vor allem kirchlicherseits auf vehemente Kritik, so daß Hitler diese Aktion 1941 suspendierte. Gleichfalls im September 1939 begann die Ausrottungsaktion gegen die Zigeuner. „Schätzungen der Mordziffern gehen bis zu 500 000. Von den rund 25 000 Zigeunern, die 1939 in Deutschland leb-

ten, blieben 1945 jedenfalls nur etwa 5000 am Leben"
(Haffner).

Im Oktober 1939, nach dem „siegreichen Polenfeldzug", verordnete Hitler die Ausrottung der polnischen Intelligenz. Dazu zählten die Angehörigen aller gebildeten
Schichten: Priester, Lehrer, Professoren, Journalisten,
Unternehmer. Daß von den internierten polnischen Geistlichen überhaupt welche überlebten, verdanken sie zum
Teil der Tatsache, daß sie 1940/41 nach Dachau „über-
stellt" wurden, wahrscheinlich auf das wiederholte Drän-
gen Papst Pius' XII. hin, der immer wieder auf das
Konkordat zwischen dem Vatikan und dem Dritten Reich
hinwies und verlangte, daß die Geistlichen wenigstens
kleine Erleichterungen bekämen.

Wie sehr die Nazis gerade die Menschen der „Ostge-
biete" als „zweitklassig" einstuften, geht aus einer Denk-
schrift Heinrich Himmlers vom Mai 1940 hervor: „Für die
nichtdeutsche Bevölkerung des Ostens darf es keine hö-
here Schule geben als die vierklassige Volksschule. Das
Ziel dieser Volksschule hat lediglich zu sein: einfaches
Rechnen bis höchstens 500, Schreiben des Namens, eine
Lehre, daß es ein göttliches Gebot ist, den Deutschen gehorsam, ehrlich, fleißig und brav zu sein..." (Haffner).

Ab Mitte 1941 lief der „umfangreichste Massenmord
Hitlers" an den Juden Polens, Rußlands, Deutschlands
und schließlich aller besetzten Gebiete; es war eine syste-
matische „Vernichtung der jüdischen Rasse in Europa"
(Hitler). Die Zahl der ermordeten Juden betrug „nach den
niedrigsten Berechnungen über vier, nach den höchsten
fast sechs Millionen" (Haffner).

Dr. Hans Frank, ehedem Hitlers Statthalter in Polen,
schrieb in seinen Aufzeichnungen „Im Angesicht des Galgens", Hitler sei einer der schlimmsten und grauenvoll-
sten Übeltäter der Menschheitsgeschichte gewesen: „Es
dampft um seinen Namen von Millionen von Leichen, von
Ruinen, von Hunger, Untergang, von Verwesung und

Grausamkeit. Er war der größte dynamische menschliche Zerstörungsfaktor, den die Menschheit bis jetzt zu erdulden hatte."

Haffner vergleicht den zerstörerischen Ehrgeiz Hitlers mit dem eines Pferde-Züchters: „Zum Schluß handelte Hitler wie ein jähzorniger, enttäuschter Rennstallbesitzer, der sein bestes Pferd zu Tode prügeln läßt, weil es nicht imstande gewesen ist, das Derby zu gewinnen."

Schikanen und Schindereien

Wenn auch, wie schon betont, das KZ Dachau kein „Vernichtungslager" im strengen Sinne war, die Mentalität der dortigen SS war in der Regel die von Henkern. Obwohl keine „Todesfabrik", wurde doch laufend vernichtet – durch Arbeit, Entbehrung, Hunger, Krankheit, willkürlichen Mord, Erschießungen, pseudowissenschaftliche Experimente der SS-Ärzte und vielerlei andere Schikanen.

So mußten zum Beispiel am Karfreitag 1940 sechzig Geistliche eine Stunde lang an den „Baum". Die Hände auf dem Rücken gefesselt, mit einer Kette hochgezogen, so daß die Fersen die Erde nicht mehr berührten, wurden sie „aufgehängt". Jean Bernard: „Diese ausgerechnet am Karfreitag an 60 Geistlichen vollzogene Peinigung war so furchtbar, daß wir im folgenden Jahr mit Bangen dem Karfreitag entgegensahen. Monatelang wurde uns damit gedroht. Es war eine böse Fastenzeit. Wir wagten kaum zu atmen, um nur ja keinen Vorwand zu bieten. Mehrere, die damals dabei waren, sind gestorben. Viele behalten eine verkrüppelte Hand" (Pfarrerblock 25487).

Schikane war es auch, als eines Tages ein SS-Mann den Befehl gab: „Alle Saupfaffen sofort unter den Tisch kriechen! Mit dem Tisch auf dem Kopf aufstehen, niederknien, aufstehen usw. – So ging es hin und her, bis die Bedauernswerten total erschöpft waren. Neuer Befehl:

Sofort auf die Spinde hinaufspringen! Setzt euch! Jetzt singt im Chor: O Haupt voll Blut und Wunden!" (Goldschmitt a. a. O.)

Der aus Österreich stammende Pfarrer Siegfried Würl, so berichten mehrere ehemalige KZ-Priester, mußte auf ein SS-Geheiß einmal 20 Minuten lang im eiskalten Schnee liegen, den Kopf ausgestreckt. Ein SS-Mann trat ihm dabei auf den Rücken. Ein anderes Mal mußte sich der gleiche Geistliche, der im November 1939 ins KZ Sachsenhausen eingeliefert und im Dezember 1940 nach Dachau gebracht worden war, über eine Stunde lang in die Lagerstraße stellen, „ununterbrochen zur Sonne hinaufschauen, ihr zuwinken und fortgesetzt rufen: Komm, liebe Sonne, komm und heile meine Nase!" (Goldschmitt).

Torturen eigener Art waren das Eingeschlossensein, die stete Bewachung mit Maschinengewehren, die ununterbrochen erzeugte Angst („Da kommst du nicht mehr heraus!"), der elektrisch geladene Draht, die Mauer, der von der Amper her gespeiste Kanal, die Wachtürme, der Todesstreifen... All das erzeugte Beklemmung, die sich tiefer und tiefer in die Seele fraß.

Einmal lief ein katholischer Geistlicher in den elektrischen Draht; es war einer aus dem Revier, wo er mit hohem Fieber gelegen hatte; er wurde sofort vom Wachposten erspäht und zum Halten aufgerufen. Der Pfarrer hörte in seinem Delirium auch nicht auf den Schreckschuß, sondern zeigte aufs Herz und rief laut: „Hierher schießen!" Im gleichen Moment, als er in den Draht griff, schoß ihn der Posten nieder. Er war sofort tot.

Nicht minder drückte die Häftlinge die Tatsache, daß sie stets von Spitzeln und Denunzianten umgeben waren, „die jedes scharfe oder vermeintlich scharfe Wort der Partei oder der Gestapo meldeten" (Neuhäusler).

Und doch gab es immer auch wieder einzelne Häftlinge, die aufmuckten, die Mut zeigten, die sogar SS-Leuten Auge in Auge widerstanden. Im einzelnen wird davon noch zu berichten sein. Hier nur eine kleine Episode, die Johann Neuhäusler („Saat des Bösen", Manz, München 1964) schildert: Ein SS-Sturmscharführer hatte vor Hunderten von Geistlichen in obszöner Weise gegen Gott, Christus und seine Kirche gewettert. Als er schließlich pausierte, erdröhnte aus den Reihen der Kleriker die klare und deutliche Stimme des Luxemburger Pfarrers Johann Brachmond: „Und die Pforten der Hölle werden sie doch nicht überwältigen!" – Schrecken erfaßte die anderen Geistlichen. Sie bangten um das Leben dieses mutigen Bekenners und fürchteten das Schlimmste für sich selber. Doch der SS-Mann war so betroffen, daß er sich wortlos umdrehte und wegging. Brachmond erlitt später – am 17. Oktober 1941 – im KZ Dachau einen elenden Tod.

Nach diesen allgemeinen „Impressionen" über das KZ Dachau wollen wir uns nun Pater Engelmar Unzeitig zuwenden, der 1941 – im Alter von 30 Jahren – nach Dachau kam und dort vier Jahre später an Fleckfieber starb. Um sein Martyrium in seiner ganzen Tiefe und Tragweite zu begreifen, müssen wir seinen Lebensweg kennen, müssen rückblenden auf seine Herkunft, seine Bildung, seinen Studienweg, müssen versuchen, seine persönlichen Ängste und Nöte zu verstehen. Erst dann wird uns einsichtig, ein wie großer Bekenner und Märtyrer der ruhige und bescheidene Mariannhiller Missionar war. In seiner Vergangenheit reifte seine Zukunft.

2.

Kindheit und Jugendzeit

Pater Engelmar Unzeitig stammte aus dem Schönhengstgau, einer deutschen Sprachinsel nördlich von Brünn in der Tschechoslowakei. Hier wurde er am 1. März 1911 in Greifendorf (heute Hradec n. Svitavy) geboren und drei Tage später (4. März) auf den Namen Hubert getauft.

Den Familiennamen Unzeitig(er) gab es im Schönhengstgau recht häufig. Erstmals urkundlich erwähnt wurde er 1535 als „Unczayt" bzw. „Unczaytyk". Im Mittelhochdeutschen schrieb man „unzitec". Der Name bedeutete soviel wie: „unpassend, nicht zur rechten Zeit geschehend".

Huberts Eltern waren einfache Leute. Sie bewirtschafteten in Greifendorf einen bescheidenen Bauernhof. Die Mutter, Maria Unzeitig (geb. Kohl), stammte aus Oberheinzendorf im Schönhengstgau, der Vater, Johann Unzeitig, aus einer Bauernfamilie in Pohler. Sie schenkten sechs Kindern – vier Mädchen und zwei Jungen – das Leben.

Ein Lebenslauf, den Hubert mit 17 Jahren schrieb, schildert sehr schön das schlichte Milieu des Elternhauses und den dörflichen Charakter des Geburtsortes. Darin heißt es:

„Ich wurde zu Greifendorf (im herrlichen Schönhengstgau) am 1. März 1911 geboren. Meine Eltern waren einfache biedere Landleute, die aus der Umgebung nach Greifendorf eingewandert sind. Hier erwarben sie eine kleine Wirtschaft, die meine Mutter heute noch

(1928, Anm. d. Verf.) besitzt. Meine Jugendzeit verbrachte ich im trauten Elternhaus – bei meinen vier noch lebenden Schwestern (meinen einzigen Bruder raffte der Tod schon in seinem ersten Lebensjahr hinweg), wo ich auch noch später während meiner Schulzeit wohnte. So verbrachten meine Eltern neun Jahre glücklichen Zusammenlebens, bis der blutige Weltkrieg mit seinen schweren Folgen im Jahre 1914 ausbrach, denn mein Vater mußte gleich mit den Ersten hinausziehen gegen den russischen Feind. Dort wurde er bald gefangengenommen und tief ins russische Reich hinein nach Simbirsk an der Wolga gebracht, wo er bald erkrankte und am 14. Jänner 1916 dem Typhus erlag. Als uns die Trauerbotschaft überbracht wurde, war meine Mutter ganz fassungslos, denn wir Kinder waren noch alle klein und schulpflichtig, und so sollte meine Mutter mit lauter fremden Leuten weiterwirtschaften. Aber nach und nach besserten sich die Zeiten, denn wir kamen eins nach dem andern aus der Schule. Heuer wurde schon meine jüngste Schwester 14 Jahre alt, und so teilten wir denn auch Arbeit und Kummer mit der Mutter..." (GA).

Als christliche Eltern waren Maria und Johann Unzeitig bemüht, Hubert – ebenso wie seine Geschwister – von frühester Kindheit an religiös zu erziehen. Sie wußten: Der Glaube fliegt den Kindern nicht von allein zu, sondern muß ihnen in der Familie begegnen. Und so nahmen sie ihre Verantwortung als christliche Eltern entschieden und überzeugt wahr.

Nach dem Verlust ihres Mannes mußte die Mutter die religiöse Erziehung der Kinder allein in die Hand nehmen. Sie tat es mit größter Selbstverständlichkeit und mit viel Liebe und Geduld. Im Alter von neun Jahren – am 16. Mai 1920 – empfing Hubert zum erstenmal die heilige Kommunion. Und am 26. September 1921 wurde er von Bischof Dr. Karl Wisnar in der Pfarrkirche zu Zwittau gefirmt.

Huberts Schwester Maria-Huberta erinnert sich: „Unser Elternhaus war sehr religiös. Mutter hat viel gebetet; Sonntag vormittags gingen wir alle in die Messe, nachmittags in die Segensandacht. Hubert ging immer gerne mit. Wir Mädchen (seine Schwestern) hielten ihn für einen frommen Jungen... Wir gingen als Kinder täglich zur Messe. Neben der Kirche war die Schule. Manchmal gingen wir auch zu den Redemptoristenpatres nach Vierzighuben; das liegt auf dem Weg nach Zwittau, etwa eine halbe Stunde zu Fuß. Bei uns war die Kirche immer voll. Greifendorf war gut katholisch."

Die Liebe zu Gott war also Hubert von klein auf ins Herz gesenkt worden. Und er baute darauf auf: Er entwickelte mit der Zeit eine tief religiöse Haltung und zeichnete sich durch ein besonders lobenswertes Verhalten gegenüber seiner Umwelt aus. Auch in der Volksschule, die er vom 16. September 1917 – es war Krieg und es herrschte eine schreckliche Hungersnot – bis zum 27. Juni 1925 besuchte, fiel er durch große Frömmigkeit, tadelloses Verhalten und enormen Fleiß auf.

Entsprechend vorbildlich waren auch die Leistungen, die er in der Schule erbrachte. Seine Noten im Abschlußzeugnis der Volksschule lauteten: Betragen „lobenswert"; Fleiß „ausdauernd"; alle anderen Fächer wurden mit „sehr gut" bewertet, nämlich: Religion, Bürgerkunde und Bürgererziehung, Lesen, Sprachlehre, schriftlicher Gedankenaustausch, Erdkunde, Geschichte, Naturgeschichte, Naturlehre, Rechnen, Zeichnen, Schreiben, Gesang, Handarbeit, Körperliche Erziehung, Tschechische Sprache und Äußere Form der schriftlichen Arbeiten. – Also rundum ein Einser-Schüler!

In der Schule wurde Hochdeutsch geübt, zu Hause redete man Schönhengster Dialekt, der mit dem Fränkischen viel Gemeinsames hat. Elsa Kuhner gibt uns eine Kostprobe von dem Klang und der Farbe dieser Mundart:

Pfarrkirche in Greifendorf;
hier wurde Hubert Unzeitig getauft, hier feierte er Primiz.
Eingeblendet sind Dorf- und Gauwappen.

„Mir worn stolz, doss me Deutsche sein, / des worn me und des wolltn me bleibn! / Wor de Ernte erst eigebracht, / hot me wjeder a Festla gemocht...

On Tog vor Dreikinign, do hot me mit Bedocht, / Solz, Kreid und Wosser in de Kirch gebrocht...

Ze de Kirmes wor imma wos lus, / doch gobs a monchmal Verdruß, / wenn a Vetter wurd vergassn / eizelodn zen Gänsla assn..."

Die Greifendorfer liebten ihren Dialekt; für sie war der Advent „de schienste Zeit im Johr"; sie liebten den „Moitanz" (Maitanz), hatten eine „Foirwehr", tranken gelegentlich aus der „Schnopsflosch" und waren „moislastill", wenn der „Herr Pforrer" das „Dreikinigswosser" (Dreikönigswasser) segnete – oder von ihrem „Kaiser Jusef" die Rede war. Zu ihren Lieblingsspeisen zählte der Apfelstrudel.

Nach der Volksschule arbeitete Hubert beim Bauern August Janka in Vresice (Pfarrei Kretin, Bistum Brünn) als Landwirtschaftsgehilfe, um sein Tschechisch ein wenig aufzupolieren. Er war erst 14/15 Jahre alt, mußte aber so ziemlich alle Arbeiten tun, die von einem Bauernknecht erwartet wurden, das Tragen ganz schwerer Lasten ausgenommen.

Hubert blieb auf den Tag genau ein Jahr in Vresice, nämlich vom 9. Juli 1925 bis zum 9. Juli 1926. Dann kehrte er nach Greifendorf zurück und half wieder seiner Mutter und seinen Schwestern auf dem eigenen Hof.

Ein paar Erinnerungen von Huberts Schwester Maria-Huberta – lose aneinandergereiht – können helfen, den jetzt 15jährigen Jungen ein wenig näher kennenzulernen: „Kameraden hat Hubert keine gehabt, auch keine Mädchen; in der Landwirtschaft mußte er schwer arbeiten. Aber oft und oft hat er sich in Bücher vertieft. Lesen war von früh auf sein Hobby. Er hat sich auch vom Pfarrer und aus dem katholischen Vereinshaus Bücher entliehen... Als er aus dem Tschechischen zurückkam (gemeint ist der einjährige Dienst in Vresice, Anm. d. Verf.), hat ihm Mutter ein Fahrrad gekauft. Da hat er sich sonntags die Umgebung etwas angeschaut. Sonst aber saß er immer wieder bei seinen Büchern. Oft spielten wir zu Hause miteinander Karten und andere Gesellschaftsspiele. Da machten dann auch wir Mädchen mit... Unsere Mutter sprach sehr gut Tschechisch. An Sonntagnachmittagen sind wir oft zur Großmutter nach Pohler gegangen – zu Fuß. Da war Hubert immer dabei; nur die beiden Kleinen mußten daheim bleiben. Da hat uns Großmutter oft aus der Mariannhiller Zeitschrift vorgelesen; Vergißmeinnicht hieß die damals noch und wurde über Österreich an uns geschickt. Da wurde auch wohl der spätere Beruf meines Bruders geweckt" (GA).

In der Tat: In dieser Zeit reifte bei Hubert der Wunsch, Priester und Missionar zu werden. Er sprach mit seiner Mutter darüber (die nur schweren Herzens einwilligte, weil er der einzige männliche Nachkomme auf dem Hof war) und beriet sich mit einem Pater im Kloster Vierzighuben. Dann schrieb er an die Mariannhiller Missionare in Reimlingen/Ries und bat um Aufnahme in den Orden.

Zu seiner Entscheidung, Priester und Missionar zu werden, schreibt Hubert Unzeitig: „Ich fühlte mich gedrängt, in Christi Dienst zu treten zur Rettung der Menschenseelen. Durch die Mariannhiller Zeitschriften und Kalender auf die Mission aufmerksam gemacht, beschloß ich, mein Leben der Bekehrung der Heiden zu widmen. Man riet mir anfangs ab und wies mich auf den Priestermangel in der Heimat hin. Anfragen wurden dahin und dorthin gerichtet, aber zu meinem größten Erstaunen und zugleich zu meiner größten Freude erhielt ich von überallher ungünstige Antworten. Vor allem war ich schon zu alt (17) für die gewöhnliche Studienlaufbahn. Das Seminar in Reimlingen jedoch versprach, allen Schwierigkeiten abzuhelfen..." (GA).

So war es denn auch: Hubert Unzeitig bekam vom Missionsseminar in Reimlingen seine Aufnahmepapiere zugeschickt.

Pfarrer Gustav Schneider (gebürtiger Greifendorfer), 1946 aus der sudetendeutschen Heimat vertrieben, erinnert sich an die damalige Zeit: „Ich war schon im Studium, als Hubert noch daheim in der Landwirtschaft tätig war. Ich wohnte im Mitteldorf, er im Oberdorf, nahe der Pfarrgrenze; er war älter als ich. Erst als er zu studieren anfing und auch an Werktagen häufiger in der Kirche war, hatten wir etwas näheren Kontakt. Er war in sich gekehrt und ernster Natur. Er trug wohl schwer daran, daß er bei der Verfolgung seines gesteckten Zieles die Hauptlast der häuslichen Arbeit seinen Geschwistern, alles Mädchen, überlassen sollte. Vor allem die tief-fromme Mutter sah im einzigen männlichen Nachkommen den künftigen Hoferben. Als er gar nicht nachgab, gingen sie in das Kloster der Redemptoristen nach Vierzighuben, sich dort Rat zu holen. Nachdem der Pater unseren Hubert allein vorgenommen hatte und die Mutter wieder hereinkam, erhielt sie die Antwort: Lassen Sie ihn studieren: hier ruft der Herrgott! – Es war ein großes Opfer, aber sie sagte ja, und es sollten noch schwerere Ja's folgen... Seine Berufung verdankt Hubert nächst Gott wohl seinem tief religiösen Elternhaus, besonders der Mutter. Mariannhiller Missionsschriften, die daheim gehalten wurden, haben wohl die Richtung gegeben. Er wollte ja Missionar werden, die Frohbotschaft den Menschen bringen, die noch nichts von Jesus wissen..." (Brief an d. Verf., Dezember 1980).

3.

Gymnasial- und Studienjahre

Am 18. April 1928 traf Hubert im Spätberufenenseminar der Mariannhiller in Reimlingen/Ries ein. Es waren etwa 60 neue Schüler, die gekommen waren, um das Abitur nachzuholen und dann Priester und Missionar zu werden. Reimlingen liegt ca. drei Kilometer südlich von Nördlingen, etwa gleichweit entfernt von Stuttgart, Nürnberg und Augsburg.

Hubert kam nicht allein in Reimlingen an. Bei ihm war ein weiterer Spätberufener: Ansbert Karl Bieberle aus Krönau bei Mährisch-Trübau, etwa 17 Kilometer von Greifendorf entfernt. Die beiden hatten sich, nachdem sie – unabhängig voneinander – eine Zusage aus Reimlingen erhalten hatten, in Greifendorf kennengelernt. Ansbert war zwölf Jahre älter als Hubert.

Nun mußten die „Neuen" sechs Jahre die Gymnasialbank drücken. Hubert tat dies mit großem Engagement – und mit viel Erfolg. Aus seinen Gymnasialzeugnissen – sie befinden sich im Archiv der Mariannhiller in Rom – geht hervor, daß er ein sehr talentierter und ausgesprochen fleißiger Schüler war.

Noch aufschlußreicher als die Zeugnisse, in denen Hubert nur Einser und Zweier hatte, sind die Schulbuchvermerke seiner Klassenlehrer. Da heißt es beispielsweise 1931/32: „Sehr intelligent und regsam, sehr gute Begabung." Oder 1933/34: „Offener, gerader, Vertrauen erweckender Blick. Sehr gute Begabung; guter Turner. –

Sehr intelligent, tiefer Denker, ausgereift, wissenshungrig (studiert das Konversationslexikon!), gewandt in der sprachlichen Darstellung. Hervorragender Charakter, unbedingt zuverlässig und auch im Kleinsten getreu, enorm fleißig, eine Persönlichkeit. Für Universitätsstudium hervorragend geeignet. Trotz seiner hohen Intelligenz sehr bescheiden und zurückhaltend und daher auch für klösterliche Gemeinschaft gut geeignet. Führereigenschaften" (GA).

Auch der damalige Direktor des Spätberufenenseminars, Pater Ludwig Tremel, war voll des Lobes über Hubert Unzeitig. In einem Zusatzzeugnis aus dem Jahre 1934 heißt es: „Ein gesunder, talentierter, sehr strebsamer, sehr gewissenhafter und sehr zuverlässiger Student. Tief fromm, aber etwas ängstlich. Genießt die Achtung der Lehrer und Schüler"(GA).

Im April 1934 – Hitler war schon über ein Jahr an der Macht – machte Hubert am Ordensgymnasium sein Abitur. Da er sich entschlossen hatte, der Mariannhiller Missionskongregation beizutreten, begann er ein einjähriges Noviziat in St. Paul bei Arcen/Holland. Die Einkleidung erfolgte am 30. April 1934.

Das Jahr verging sehr schnell – mit Arbeit, Gebet und Studium. Hubert Unzeitig hatte bei der Einkleidung einen neuen Namen bekommen: Frater (später Pater) Engelmar; mit diesem Ordensnamen wurde er seitdem gerufen. Am 1. Mai 1935 legte der von seinen Oberen und Mitbrüdern als „sehr freundlich, hilfsbereit und eifrig" bezeichnete Novize die erste Profeß ab.

Nach dem Noviziat siedelte Frater Engelmar mit seinen Kursgenossen ins Mariannhiller Piusseminar nach Würzburg über. Dort studierte er fünf Jahre Philosophie und Theologie. Der begabte und fleißige Student nützte jede freie Minute zum Lesen, lernte neben seinem Studium viele moderne Sprachen – Französisch, Englisch, Italienisch, Tschechisch und Russisch – und studierte immer

Pater Engelmar Hubert Unzeitig CMM feiert Primiz in Greifendorf/Mähren.
Neben ihm seine Mutter und drei Schwestern (links).
Primiztag war der 15. August 1939. 14 Tage später brach der 2. Weltkrieg aus.

wieder ganze Lexika durch. Am 1. Mai 1938 legte er die Ewigen Gelübde ab.

Und so ging es weiter: Am 19. Februar 1939 wurde Frater Engelmar zum Subdiakon, drei Wochen später, am 5. März, zum Diakon und schließlich am 6. August des gleichen Jahres in der Herz-Jesu-Kirche der Mariannhiller in Würzburg zum Priester geweiht. Die Primiz feierte der Neupriester am 15. August – am Fest Mariä Himmelfahrt – in seiner Heimatgemeinde Greifendorf.

Noch während Pater Engelmar zu Hause weilte, brach der Zweite Weltkrieg aus: Am 1. September 1939 ließ Hitler deutsche Soldaten die polnische Grenze überschreiten – ohne formelle Kriegserklärung. Pater Engelmar kehrte nach Würzburg zurück und bereitete sich ein Jahr lang auf sein Pastoralexamen vor, das ihm die Vollmacht gab, alle priesterlichen Funktionen auszuüben.

Nach Abschluß des Pastoraljahres (Sommer 1940) wurde Pater Engelmar der neugegründeten österreichischen Mariannhiller Provinz unterstellt – mit Sitz in Riedegg/Oberösterreich. Sicher wäre er gern noch einmal zu Mutter und Schwestern nach Hause gefahren, doch der Zweite Weltkrieg war voll im Gange. Er sollte Greifendorf nie mehr wiedersehen.

4.

Verhaftung in Glöckelberg

Auf Burg Riedegg bei Gallneukirchen (Diözese Linz) waren Mitte 1940 etwa dreißig französische Kriegsgefangene untergebracht. Die Gefangenen wurden bei den Bauern in der näheren Umgebung als Erntehelfer eingesetzt. Auch die Mariannhiller Missionare erhielten für ihre Landwirtschaft vier Gefangene.

Pater Engelmar, der als „Aushilfspriester" gekommen war, wurde mit der Betreuung der dreißig Männer beauftragt. Dabei kamen ihm seine hervorragenden Französischkenntnisse zugute. Obwohl es streng verboten war, hielt er jeden Sonntag für die Gefangenen, die ja alle katholisch waren, eine Eucharistiefeier – mit einer kurzen Ansprache auf französisch. Er bemühte sich auch sonst mit großem seelsorglichen Eifer um die französischen Kriegsgefangenen.

Im Spätsommer 1940 bat der Bischof von Linz die Mariannhiller Patres, ihm – so weit wie möglich – für die Seelsorge in verschiedenen Pfarreien des Böhmerwaldes als Pfarrer zur Verfügung zu stehen. Die Missionare sagten zu. Auch Pater Engelmar gehörte zu den Patres, die gleich ihre Bereitschaft zur Mithilfe bekundeten.

Pater Engelmar kam daraufhin nach Glöckelberg, unweit der österreichischen Grenze, nur ein paar Dutzend Kilometer von Freistadt entfernt, in der Nähe von Oberplan, der Heimat des berühmten Dichters Adalbert Stifter (1805–1868). Hier trat er am 1. Oktober 1940 seine erste

Seelsorgestelle an – als Pfarrprovisor. Bei ihm war seine Schwester Maria-Huberta, die ihm den Haushalt führte.

Nach der Beschreibung eines Mitbruders lebte Pater Engelmar im Glöckelberger Pfarrhaus „wie ein Einsiedler". Er hatte kaum Brennholz und nur das allernotwendigste Mobilar; es fehlte hinten und vorne. Hinzu kam, daß der Winter 1940/41 sehr streng war; es lag tiefer Schnee.

Trotz des kargen Lebensunterhaltes und des harten Winters nahm Pater Engelmar die ihm übertragene seelsorgliche Aufgabe sehr ernst. Er machte zahlreiche Hausbesuche, um seine Gemeinde kennenzulernen, erfreute öfters alte und kranke Menschen mit seinem Kommen und bereitete sich sorgfältig auf seine sonntäglichen Predigten und auf den Religionsunterricht in der Schule vor.

In der Schule war es dann auch, wo der Mariannhiller Pater – in den Augen übereifriger Hitlerjungen – zuerst aneckte. Die eindeutigen Antworten, die Pater Engelmar auf verfängliche Fragen der Hitlerjungen gab, und die konsequente Verkündigung des Evangeliums und der Lehre Christi gingen einigen Nazi-Spitzeln zu weit: Pater Engelmar wurde angezeigt und am 21. April 1941 verhaftet. Man warf ihm – nach der Zusammenstellung „Österreichische Priester in Gefängnissen und KZs des Naziregimes" von Johann Mittendorfer – „heimtückische Äußerungen" bei Predigten und im Unterricht sowie „Verteidigung der Juden" vor.

Den Hergang der Verhaftung durch die Gestapo schildert Pater Engelmars Schwester Maria-Huberta so: „Am 21. April 1941 wurde mein Bruder im Pfarrhaus zu Glöckelberg von zwei Gestapoleuten verhaftet. Er war vorher schon einmal vorgeladen worden; offensichtlich war er den Nazis unbequem oder einfach zu fromm... Ich habe an diesem Tag, es war ein Montag, ein altes Pfarrfräulein aus dem Ort besucht; von dort aus konnte ich gut zum Pfarrhaus hinübersehen. Da erblickte ich plötzlich ein

Auto, und ich erschrak ein wenig. Kurz darauf erschien mein Bruder und sagte: Denk dir, die Gestapo ist da! Komm schnell mit! – Im Pfarrbüro suchten die beiden Herren schon alles durch. Sie blätterten in den Predigtvorlagen herum und nahmen einiges mit. Hubert war totenbleich, als er sein Köfferchen holte, um ein paar Dinge einzupacken. Ich konnte ihm nicht einmal mehr etwas zum Essen machen. Gern hätte ich ihm noch etwas gekocht. Aber das ging ja alles sehr schnell... Am anderen Tag habe ich das Pfarrhaus zugeschlossen und bin wieder zu jener Bekannten gegangen; später zog sie zu mir ins Haus, damit ich nicht allein wäre. Sie hat auch in der Gemeinde alles bekannt gemacht: daß keine Messe sei und auch kein Religionsunterricht. Dann haben wir den Rosenkranz in der Kirche gebetet und das Lied gesungen: Strenger Richter aller Sünder... Die Leute sind schweigend heimgegangen. Viele haben geweint. Die meisten Glöckelberger waren erschüttert..." (aus Interviews und Briefen, GA).

Noch am Tag seiner Verhaftung wurde Pater Engelmar ins Gefängnis nach Linz/Donau gebracht. Viele seiner Mitbrüder waren der Überzeugung, daß da ein Irrtum vorliegen müsse. Auch er selbst glaubte an ein Mißverständnis, wie er in einem Brief vom 23. April 1941 an seine Schwester zum Ausdruck brachte. Er hoffte, bald aus der Untersuchungshaft entlassen zu werden: „Liebe Schwester! Brauchst Dir keine allzu großen Sorgen machen um mich, da ich ja kein Verbrechen begangen habe. Es kann sich ja nur um eine Mißdeutung handeln. Von zwanzig Tagen sprach man zu mir" (GA).

Doch Pater Engelmars Hoffnungen erfüllten sich nicht. Der Nazi-Apparat war so übermächtig angeschwollen, daß ein Freikommen auch für „kleine Sünder" kaum mehr in Betracht kam. Es herrschte Krieg. Der Angriff auf Rußland („nach siegreichem Frankreichfeldzug") sollte schon in wenigen Wochen (22. Juni 1941) erfolgen.

Hitler und seine Gleichgesinnten schwelgten auf dem Gipfel ihrer Macht. Neben den Juden (sie wurden ab 9. Januar 1941 zum Tragen des Judensterns gezwungen) hatten sie es vor allem auf die katholischen Geistlichen abgesehen; weil sie sich nicht recht trauten, Bischöfe einzusperren, schikanierten sie um so brutaler die einfachen Kleriker.

„So weit müßte man es bringen, daß auf der Kanzel nur lauter Deppen stehen und vor ihnen nur alte Weiblein sitzen. Die gesunde Jugend ist bei uns." – So sagte Hitler im Jahre 1941. Und er fuhr fort: „Der größte Volksschaden sind unsere Pfarrer beider Konfessionen. Es wird der Augenblick kommen, da ich mit ihnen abrechne ohne langes Federlesen. Ich werde über juristische Zwirnsfäden in solchen Zeiten nicht stolpern. Da entscheiden nur Zweckmäßigkeitsvorstellungen... – Ich habe mich in der Partei nie darum bekümmert, welcher Konfession meine Umgebung war. Ich möchte auch nicht, wenn ich beerdigt werde, im Umkreis von zehn Kilometern einen Pfaffen sehen. Wenn mir ein solcher helfen könnte, dann würde ich an der Vorsehung zweifeln. Ich handle entsprechend dem, was ich erkenne und begreife... Ich bin aufgrund höherer Gewalt da" (Picker: Hitlers Tischgespräche).

Nach sechs Wochen bangen Wartens im Linzer Gefängnis hieß für Pater Engelmar der Bescheid aus Berlin: Dachau. Damit begann ein ganz neues, ein sehr leidvolles Kapitel seines jungen Priesterlebens. Er war erst 30 Jahre alt.

5.

In der Hölle von Dachau

„Kam am 3. Juni hier in Dachau an. Bin gesund." – Mit diesen zwei lapidaren Sätzen begann Pater Engelmar seinen ersten im KZ Dachau geschriebenen Brief. Adressat war seine Schwester Maria-Huberta, die zunächst noch in Glöckelberg wohnte, dann nach Greifendorf zurückkehrte und – nach dem Tod der Mutter (1943) – zu ihrer Schwester ins Heimatdorf des Vaters, nach Pohler, zog.

Von den Briefen, die Pater Engelmar aus Dachau schrieb, wird im folgenden noch ausführlich die Rede sein. Doch zunächst soll – in Fortführung des 1. Kapitels – etwas über die Aufnahme im KZ, über das „Zugangslager", wie die Aufnahmebaracke in der Lagersprache hieß, und über den äußeren Tagesablauf innerhalb des elektrischen Drahtzauns gesagt werden.

Auf der Fahrt nach Dachau war den meisten Schutzhäftlingen durchaus klar, daß an ein schnelles, wenn überhaupt an ein Entlassen, nicht zu denken sei. Sie mußten – oft aneinandergekettet – mit allem rechnen. Freilich ahnten sie auch nicht, was auf sie zukam. Angst und Furcht wären sonst übermenschlich gewesen. Keiner, der nicht schon einmal in einem KZ inhaftiert war, konnte wissen, wie es dort zuging.

Pater Engelmar war genausowenig informiert wie die vielen tausend anderen, die im gleichen Jahr nach Dachau kamen. Auf dem Dachauer Bahnhof angekommen, mußten die Häftlinge in der Regel zunächst einmal warten. Warten, herumstehen, oft stundenlang, bei sengender

Hitze, bei eisiger Kälte, bei Regen, Schnee oder Sturm. Sie wurden von vorbeikommenden SS-Leuten angepöbelt.

Durch den Torbogen des Jourhauses (Wachgebäude am Eingang zum KZ) gelangten die Gefangenen in den „Schubraum". Hier mußten sie sich ausziehen und alles abgeben. Ab jetzt gab es nur noch Häftlingskleidung. Auf einem Zettelchen wurde dem einzelnen Neuankömmling die Lagernummer mitgeteilt, die er jetzt ständig zu tragen hatte.

Dann wurden die Häftlinge am ganzen Körper rasiert, das Haar auf einen halben Millimeter geschnitten. Alles mußte schnell gehen. Haarschneiden und Rasieren (inklusive der Schamhaare) war mitunter eine Tortur, weil vielfach stumpfe Haarschneidemaschinen benutzt wurden. Entwürdigend war es immer. Die so Geschorenen bestrich man am ganzen Körper mit einer scharfen Desinfektionslösung, die stank und auf der Haut brannte. Unter der Dusche wurde dieses Zeug dann wieder weggewaschen. Die Brausen waren, je nach Laune des SS-Mannes, der sie bediente, mal eiskalt, mal siedendheiß.

Die Sträflingskleidung war den meisten Häftlingen zu klein oder zu groß. Die SS machte sich darüber lustig. Bisweilen schrie einer, wenn einem Häftling die Mütze zu klein war: „In vier Wochen paßt alles, auch dein Kopf in diese Mütze!" Ansonsten bekam der einzelne nur noch Holzschuhe oder Stoffschuhe mit Holzsohlen, Blechnapf, Besteck und Trinkbecher – wenn er Glück hatte, auch Socken und Unterwäsche.

Die seelische Belastung, mitverursacht durch die äußere Demütigung, das stete Herumschreien der SS-Leute, das Nummertragen, der Verlust aller Rechte – das war für den Häftling zu Beginn seiner KZ-Zeit das Allerschlimmste. Er war eben nur noch eine Nummer. Pater Engelmars Nummer im KZ, die er ab sofort auf allen Kleidungsstücken zu tragen hatte, war: 26 147. Traf er auf einen SS-

Mann, dann mußte er strammstehen und mit gezogener Mütze grüßen: „Schutzhäftling 26147 Unzeitig Hubert meldet sich gehorsamst zur Stelle!" (Oder: „bittet eintreten zu dürfen!")

Auswurf der Menschheit

Gleich am ersten Tag, direkt nach der Ankunft im Lager, mußte jeder Häftling einen langen Fragebogen ausfüllen. Hier, leicht gerafft und gekürzt, die Formulierungen der Nazibürokratie:

    I. Name, Vorname, Gefangenenbezeichnung, Häftlingsnummer, Block, Stube, Zugang am, überstellt von, rücküberstellt von, entlassen nach...

   II. Beruf

  III. Geburtsdatum, Geburtsort, Anschrift

  IV. Religion

   V. Ledig/verheiratet/verwitwet/geschieden; Ehefrau, Kinder, Alter der Kinder, Berufe der Kinder

  VI. Größe, Gewicht, Haarfarbe, Augenfarbe, Kopfform

 VII. Tätowierungen, an welchen Körperteilen

VIII. Vater, sein Alter; Mutter, ihr Alter; falls gestorben, Todesursache, Alter zur Zeit des Todes

  IX. Körperliche oder geistige Leiden bei Vater oder Mutter: TB, Blindheit, Taubheit, Mißbildung, Alkoholismus, Nervenkrankheit, Aufenthalt in Nervenklinik

   X. Sind in der Familie die unter IX. bezeichneten Leiden vorgekommen? Bei wem? Genaue Details...

  XI. Sind in der Familie des Gefangenen Selbstmordversuche vorgekommen? Bei wem? Sind verbrecherische oder asoziale Veranlagungen zu beob-

achten (Sittlichkeits-, Eigentums-, Gewalttätig-
keitsvergehen; Bettelei, Landstreicherei; Vergehen unter Einfluß von Alkohol)? Bei wem?

XII. An welchen Krankheiten hat der Gefangene
selbst gelitten, wann und wo wurde er behandelt?

XIII. Welche Schulen hat der Gefangene besucht, wo
und wann; wie waren seine Leistungen, wie oft ist
er sitzengeblieben?

XIV. Hat der Gefangene eine Schule/Anstalt für Min-
derbegabte besucht, wann, wo? Name der
Schule/Anstalt?

XV. War für den Gefangenen Fürsorgeerziehung angeordnet, wann, in welcher Anstalt?

XVI. Ist der Gefangene vorbestraft, weswegen, vor
welchem Gericht...?

XVII. Hat der Gefangene Rauschgifte gebraucht, welche; war eine Entziehungskur angeordnet; wann;
mit welchem Erfolg?

XVIII. Ist der Gefangene Nichtraucher; seit wann; war
er früher Raucher; bis wann; ist er Nichttrinker;
seit wann; war er es früher, bis wann?

Schließlich mußte der Häftling unterschreiben. Im Klein-
druck hieß es zusätzlich: „Ich bin davon in Kenntnis ge-
setzt worden, daß falsche Angaben oder Verschweigen
schwerste Strafen nach sich ziehen."

Von den SS-Leuten wurde auch das Äußere der Häftlinge taxiert. Sie kreuzten u. a. folgendes an: Gestalt:
stark, untersetzt, schlank, schwächlich; Nase: gradlinig,
eingebogen, nach außen gebogen, groß, klein; Mund:
dünne, dicke, wulstige Lippen; Ohren: groß, klein, abste-
hend; Zähne: vollständig, lückenhaft, Goldzähne; Sprache: Mundart, stottert, stößt an etc. Die gesamte Frage-
bogenaktion war – wie die Aufnahmeprozedur – ein Mittel,
Selbstbewußtsein und Würde des Häftlings zu brechen.

Ferner war jeder Häftling – rein äußerlich – „gebrandmarkt" durch einen auf Hose und Jacke genähten Winkel. Es gab rote Winkel für politische Häftlinge, grüne für Kriminelle, schwarze für Asoziale, rosarote für Homosexuelle, blaue für Emigranten, violette für „Bibelforscher". Ausländer mußten zeitweise außerdem Buchstaben im Winkel tragen, etwa P für Pole, T für Tscheche, F für Franzose.

Rückfällige Häftlinge, also solche, die zum zweitenmal nach Dachau kamen, erhielten einen Querbalken über dem betreffenden Winkel. Wer schon einmal einen Fluchtversuch unternommen hatte, bekam einen Kreis (rot) mit Punkt. Häftlinge der Wehrmacht trugen rote Winkel, die Spitzen nach oben gerichtet. Und jüdische Häftlinge hatten unter dem gewöhnlichen Winkel ein zweites Dreieck von gelber Farbe; es mußte so angeordnet sein, daß die gelben Ecken unter dem oberen Winkel hervorschauten.

Somit war jeder Häftling für jeden SS-Mann jederzeit „einstufbar". Fast alle Geistlichen trugen rote Dreiecke/ Winkel; sie zählten zu den politischen Häftlingen. Jean Bernard (a. a. O.) schreibt über die Prozedur des Winkelannähens:

„Ich erhalte zwei 15 cm lange weiße Tuchstreifen mit der in Schwarz aufgedruckten Nummer 25 487 sowie zwei knallrote Dreiecke, von etwa zehn cm Seitenlänge. – Sofort aufnähen! Nämlich auf die linke Jacken- und auf die rechte Hosenseite. Die Kameraden sind uns behilflich. Irgendeiner hat auf einmal eine Nadel. Ein anderer zeigt uns, wie man Zwirnsfaden organisiert. Mit dem Taschenmesser wird eine Naht der Jacke aufgeschnitten und ein Faden aus dem Gewebe herausgezogen. Ich bin sonst nicht ungeschickt, aber ein Stoffdreieck so aufzunähen, daß weder die Jacke noch der Winkel verzogen wird, daß eine Spitze genau senkrecht nach unten zeigt und die obere Kante hübsch parallel zu der darübergenähten Nummer läuft, das trieb den Schweiß aus allen Poren..."

Der evangelische Pfarrer Ernst Wilm schreibt dazu: „Wir waren nur noch Nummern, keine Menschen mehr, Auswurf der Menschheit. So schrie denn auch der Lagerführer: Ihr seid hierhergekommen, weil euch die Volksgemeinschaft ausgestoßen hat!" (Dachau)

Der Tagesablauf im Lager sah ungefähr so aus:
  5.00 Uhr (im Sommer eine Stunde früher) Aufstehen, Waschen, Frühstück, Bettenbau, Zimmerreinigung;
  6.00 Uhr Zählappell, Arbeitszeit;
12.00 Uhr Mittagessen
13.00 Uhr bis 18.30 Uhr Arbeitszeit;
19.00 Uhr Zählappell (Dauer: bis zu einer Stunde; oft mit schikanösen Quälereien verbunden);
20.45 Uhr Rückzug in die Baracken;
21.00 Uhr Bettruhe; Licht aus!
Im Winter dauerte die Arbeitszeit vom Morgengrauen bis zum Einbruch der Dunkelheit.

Die Verpflegung im KZ sah vor: Morgens 350 Gramm Brot als Tagesration, einen halben Liter Ersatzkaffee; mittags: ein Liter Rüben- oder Weißkohlsuppe (sechsmal die Woche; sonntags: Nudelsuppe); abends: ein Dreiviertelliter Tee, wöchentlich viermal etwa 25 Gramm Wurst oder Käse, dreimal wöchentlich ein Liter Suppe.

Alles in allem – bei der Schwerarbeit, die die Häftlinge leisten mußten – eine elende Hungerkost! Viele starben schon nach einigen Monaten an Unterernährung, Schwäche, Hungerödemen (Gewebswassersucht), Kreislaufstörungen... Häufige Krankheiten waren ferner: Erfrierungen, Furunkulose (über mehrere Körperbezirke verbreitete Geschwüre des Haarbalges), Phlegmone (eitrige Zellgewebsentzündung), Tb, Krätze, Gesichtsrose und Typhus.

Die Kommandoparolen der SS-Männer waren brutal, mitunter auch sarkastisch: „Alles raus! Los, los! Tempo! Ihr Saupfaffen, jetzt bringen wir euch mal was bei! Wir werden euch Beine machen, ihr Sauhunde, ihr vollgefressenen Bäuche. Diesen feisten Pfaffen ist aber auch alles zu eng! In ein paar Monaten paßt alles wieder..." (vgl. S. Hess: Dachau – eine Welt ohne Gott).

Die Demütigung der Aufnahmeprozedur, so Prälat Josef Albinger, gleichfalls ehemaliger KZ-Dachau-Häftling, war die tiefste des Lebens: „Von dieser Stunde an waren die Häscher dauernd auf den Fersen des Häftlings. Er war plötzlich hineingestellt in eine Internationale des Leidens. Das Sprachengewirr der Nationen drang an sein Ohr. In diesem Inferno verrohten auch Häftlinge und wurden brutal" (SvD 5/66).

Das ständige Anbrüllen durch die SS machte die Häftlinge innerlich mürbe. Wie Pfarrer Richard Schneider berichtet, gab der SS-Kommandant des Lagers den Neuankömmlingen seine Haltung folgendermaßen kund: „Ihr habt aufgehört, Menschen zu sein. Ihr seid aus der menschlichen Gesellschaft ausgestoßen. Ihr seid jetzt nur noch Nummern. Wenn eine Nummer ausfällt, kann sie von einem anderen getragen werden. Wer sich im Lager eine leichte Strafe zuzieht, verlängert seine Haft um Monate; wer eine schwere Strafe bekommt, verlängert seine Haft um Jahre. Abtreten!" (FDA/1970)

„Hier hat niemand zu lachen. Der einzige, der hier lacht, ist der Teufel, und der Teufel – der bin ich!" – schrie hämisch grinsend SS-Hauptscharführer Tränkle die „Neuen" an (R. Schnabel a. a. O.).

Die Drohungen, der Terror, die Angst, das Zusammengepferchtsein, die armselige Kleidung (viel zu dürftig in der kalten Jahreszeit), das stundenlange Arbeiten im Regen, der dauernde Drill im Kasernenton – all das nervte die Häftlinge kolossal. In großen Lettern verkündete eine Tafel auf den Dächern der Wirtschaftsgebäude: „Es gibt einen Weg zur Freiheit – seine Meilensteine sind: Gehorsam, Ehrlichkeit, Sauberkeit, Nüchternheit, Fleiß, Wahrhaftigkeit, Ordnung und Liebe zum Vaterland." Wie blanker Hohn grinsten diese Schlagworte tagtäglich die Häftlinge an.

Das Lagerleben riß, wie Raimund Schnabel (a. a. O.) richtig beurteilt, dem Menschen, der all das erdulden mußte, schonungslos jede Art von Maske vom Gesicht, die sein „nacktes Ich" vorher oft jahrzehntelanger Kritik seiner Mitmenschen entzogen hatte: „Der geschorene nackte Kommerzienrat, der im Häftlingsbad des KZ Dachau wie neben ihm der gleichfalls nackte und geschorene Superintendent mit übelriechenden Desinfektionsmitteln von einem wegen Straßenraubs, Notzucht und schweren Einbruchs bestraften Berufsverbrecher abgepinselt wurde, hatte nur Hohngelächter zu erwarten, wollte er sich auf seine sozialen Privilegien berufen. War er ein Charakter, war er ein ganzer Kerl, dann konnte er damit rechnen, trotz, aber nicht wegen seiner Vergangenheit akzeptiert zu werden... Hier wurde die Spreu vom Weizen gesondert; diesem scharfen Wind hielt nur stand, was Gewicht hatte. Und da zeigte sich, daß die Linie der charakterlichen Anständigkeit quer durch alle Stände und Nationen ging. Wer übertriebener Nationalist war, der wurde im KZ geheilt, denn der solidarische Franzose stand ihm näher als etwa der deutsche Landsmann, der ihn bei der SS denunzierte."

Die Gleichmachung aller Häftlinge war oberstes Ziel. Daß die Geistlichen darunter besonders litten, ist leicht zu verstehen, waren sie doch in der Gesellschaft besonders respektiert, ja geradezu aus ihr herausgehoben gewesen.

Die offenen Aborte, die verbeulten Aluminiumtöpfe beim Essenfassen, die Uniformiertheit des gesamten Lagerlebens („Wer eine KZ-Stube mit Schlafraum, Abort,

Waschraum etc. gesehen hatte, kannte sich im ganzen Lager aus", Hess) – all das wirkte deprimierend auf den, der sich lebenslang nichts hat zuschulden kommen lassen. Die Sträflingskleidung machte aus ihm einen Hanswurst. Nachts, im Bett, durften keine Kleider anbehalten werden, auch dann nicht, wenn draußen eisiger Winter herrschte.

Weil einmal ein Häftling seine Unterhose im Bett anbehielt, wurden drei Dutzend Mithäftlinge zu Tode gequält. Pater Sales Hess schildert den Vorfall: Ein betrunkener SS-Mann zog mit einigen Kollegen durch die Blocks, kontrollierte die Betten, fand den „Sünder" und begann eine Schießerei. „Als die Munition ausging, bewaffneten sich die Barbaren mit Hockern und schlugen auf die Häftlinge ein. Am nächsten Morgen lagen 37 der wehrlosen Menschen tot auf dem Stroh – nebst vielen Leicht- und Schwerverwundeten" (a. a. O.).

„Setzt euch ja keine Flausen ins Hirn!"

Pfarrer Hermann Dümig, der nur einen Tag nach Pater Engelmar im KZ Dachau eintraf und ihn all die Jahre bis zu seinem Tod gut kannte, schildert in einem über 80 Seiten starken Manuskript die brutale Art der SS gegenüber den Neuankömmlingen so:

„Kaum waren wir im Lager angekommen, da begann schon die Feststellung der Personalien. Zwei Geistliche befanden sich unter den 55 Zugängen... Bei den meisten begleitete Lagerkommandant Zill das Durchblättern der Akten mit beißendem Spott. Ein Fußtritt löste den andern ab, eine Ohrfeige die andere, wobei freilich manches durch flinkes Ausweichen daneben ging. Was an unflätigen Reden und gemeinen Verdächtigungen ausgesprochen wurde, ist nicht wiederzugeben. Das Schlimmste, was ich je in meinem Leben zu hören bekam, war ein gotteslästerlicher Angriff auf die Menschwerdung Christi durch Maria. In seiner Wut schrie einer der obersten SS-Leute: Den Pfarrer von Dachau und den Bischof Galen von Münster, die bringen wir auch noch nach hier und stopfen ihnen das freche Maul. Diese Saupfaffen müssen vom Erdboden verschwinden!

Nach der menschenunwürdigen Personalienaufnahme kam die berüchtigte Fotoaufnahme für das ‚Verbrecheralbum‘ der SS-Justiz an die Reihe. Sobald die Aufnahme geschehen war, schnellte der ‚Verbrecher‘, von einem Eisenstift sehr unsanft ins Gesäß getroffen, von seinem Sitz hoch, sehr zur hämischen Freude der SS-Männer. Was aber am meisten entwürdigte, war die nächste Prozedur. Unter ständigem Schimpfen und Toben ging's ins Brausebad... Anschließend erhielt jeder ein Hemd, einen Zebra-Drillichanzug und ein paar Holzpantinen ohne Strümpfe. Die Kappe der Pantinen war aus Holzfasergeflecht und rieb schon nach wenigen Schritten die Haut auf. Unbeholfen und manchmal hinfallend wie kleine Kinder wanderten die ‚Neuen‘ über den steinigen Appellplatz, der für 10 000 Mann geplant war, aber gegen Kriegsschluß 32 000 Häftlinge aufnehmen mußte, zum Zugangsblock 9, dessen Blockältester Gutmann hieß, ein Kommunist, von Beruf Redakteur. Er sprach die Zugänge folgendermaßen an: Kameraden, ihr seid nicht in ein Erholungsheim gekommen. Hier wird gearbeitet, nicht gefaulenzt. Das Leben ist ein Dreck, die Strafen sind barbarisch. Wer Brot stiehlt, wird erschlagen. Einen Gott gibt es nicht im Lager; keiner hat ihn je gesehen. Setzt euch ja keine Flausen ins Hirn, als ob ihr bald wieder entlassen würdet. Der normale Weg in die Freiheit geht durch den Kamin (Krematorium!). Meine Aufgabe hier ist es, euch einzuführen in die neue Lebenspraxis: Gehorchen, Bettenbauen, Marschieren, Liedersingen..." (GA/mmm-Archiv).

Gutmann, so bestätigen viele ehemalige KZ-Dachau-

Häftlinge, war trotz allem kein Rohling, auch wenn er mitunter mit den Wölfen heulte, heulen mußte. Mit Pater Josef Kentenich (der Gründer der Schönstattbewegung mußte statt der üblichen zwei Wochen ein halbes Jahr im berüchtigten Zugangsblock bleiben, ehe er in die Priesterbaracke übersiedeln durfte) führte Gutmann oft philosophische und weltanschauliche Gespräche. Er hat den Pater sogar zweimal vor dem Invalidentransport – von Dachau nach Schloß Hartheim/Linz zur Vergasung – und damit vor dem sicheren Tod bewahrt.

Mitunter gaben auch alte KZ-Hasen den „Neuen" praktische Anleitungen, Tips zum Überleben. Eine unter der Hand gehandelte Regel lautete: „Fall niemals auf! Stell dich nie an die äußersten Ecken einer Gruppe! Verschwinde vielmehr in der Masse! Sag nie, du seist unschuldig, sondern gib ruhig etwas an! Merke: Den Unauffälligen gehört die Zukunft!"

Bisweilen flohen Häftlinge auf die Aborte, wenn sich ein SS-Mann näherte. Dort steckten sie den Kopf zwischen die Hände und stierten auf den Boden. Selten betraten die SS-Leute das WC. So mancher Häftling konnte sich auf diese Weise vor den Schikanen der Aufseher retten.

6.

Erste Briefe aus der Haft

Nur zwei Briefe durften die Gefangenen im Monat von ihren Angehörigen empfangen bzw. an sie absenden. Das stand in einer Anordnung, die den Häftlingen sofort bei der Einlieferung ins Konzentrationslager „eingehämmert" wurde; diese Vorschrift stand zeitweise auch auf jedem Briefbogen gedruckt, der an die Verwandten und Freunde ging.

Jeder Brief an die Angehörigen hatte Name, Geburtsdatum und Gefangenen-Nummer des Schreibers zu enthalten. Außerdem mußte er stets mit der stereotypen Äußerung beginnen: „Es geht mir gut, ich bin gesund!" Später nahm man es damit nicht mehr so genau.

Die Häftlinge waren strengstens dazu angehalten, nichts aus dem Lagerleben zu berichten, auch nicht in Andeutungen. Ferner durften sie ihre Briefe immer nur an *eine* Adresse schreiben, also entweder an den Vater, die Mutter oder eines der Geschwister; abwechseln durften sie nicht.

Jeder Brief ging durch die Lagerzensur. Fand man etwas „Verdächtiges", wurde der Brief auf der Stelle vernichtet, und der Absender erhielt das leere Kuvert zurück. Bekam ein Häftling mehr Post als erlaubt, wurden die Briefe wieder zurückgeschickt mit dem Vermerk: „Schon Post empfangen!" Bibelstellen in Briefen zu zitieren bzw. auf sie zu verweisen, war ebenfalls verboten; einer – so berichtet ein „Ehemaliger" – erhielt, weil er eine Bibelstelle anführte, Schreibverbot, das bis zum Ende der Haftzeit nicht aufgehoben wurde.

Eine weitere Anordnung bestand darin, daß die Briefe nur auf vorgedrucktem KZ-Papier geschrieben werden durften, und zwar in deutscher Sprache. „Wegen holpriger Satzstellung oder wenn der Inhalt nicht klar genug formuliert war, wurden die Briefe vernichtet; für den nicht vorschriftsmäßig geschriebenen Brief konnte man ein Strafmandat erhalten bzw. ein Briefschreibeverbot" (J. Neuhäusler: Wie war das im KZ Dachau?).

Monatlich durften die Verwandten dem Häftling 40 Reichsmark schicken, jedoch keine Pakete, da – wie es in der offiziellen Verlautbarung hieß – „die Gefangenen im Lager alles kaufen können". Dazu bemerkt Sales Hess (a. a. O.): „Diese gemeine Lüge stand jahrelang auf unserem Briefvordruck an die Angehörigen, obwohl es in der Kantine fast nichts mehr zu kaufen gab."

Wer Briefe aus dem Lager schmuggelte, wurde schwerstens bestraft, auch mit dem Tode. Trotz dieser Vorschrift wurden immer wieder Briefe aus der Haft herausgeschmuggelt. „Mit der Zeit lernten wir auch, schwarze Briefe zu schreiben – und es haben sich denn auch SS-Leute gefunden, die uns solche Briefe in München in den Kasten gesteckt haben, obwohl es schwer verboten war" (Ernst Wilm).

Auch Pater Engelmar gelang es, einige Briefe aus dem Lager zu schmuggeln, und zwar über einen SS-Mann (Franz Waldes), der aus Greifendorf stammte. Hubert Unzeitig hatte mit ihm zusammen die Volksschule in Greifendorf besucht. Seine Schwester Maria-Huberta gab die Briefe den Mariannhillern in Riedegg weiter, wo sie dann entweder vernichtet oder so sorgfältig versteckt wurden, daß sie nicht wieder aufgefunden werden konnten. Es war zu riskant, sprich: lebensgefährlich, „schwarze" KZ-Briefe zu besitzen.

In diesen Briefen – so erinnert sich Pater Otto Heberling (damals Superior und Provinzial in Riedegg) – berichtete Pater Engelmar über das Leben im KZ, über die täglichen Appelle, das lange ermüdende Stehen bei Wind und Wetter, das karge Essen, die oft ungewohnten Arbeiten, die Krankheiten und Todesfälle. Sehr verschlüsselt und nur andeutungsweise erwähnte er die besonders menschenunwürdigen Schikanen und mißlungenen Fluchtversuche mit nachfolgender schwerer Bestrafung.

„Warte schon mit Sehnsucht auf Nachricht"

Fast alle Häftlinge, die ihren Angehörigen Briefe schrieben, benutzten Decknamen. So auch Pater Engelmar. Er nennt sich in vielen Briefen „Walter", vor allem, wenn er über sich selbst etwas sagen wollte, ohne die Briefzensoren mißtrauisch zu machen.

Aus den ersten Briefen Pater Engelmars (Juni bis Dezember 1941) spürt man, wie sehr er um seine Angehörigen und um seine ehemalige Pfarrei Glöckelberg besorgt ist. Ihm liegt sehr viel an einem beständigen Briefwechsel mit seiner Schwester Maria-Huberta. Sie ist ja der einzige Kontakt zur Außenwelt, durch den er Neues über seine Familie und seine Mitbrüder erfahren kann.

Der erste Brief, den Pater Engelmar aus Dachau geschrieben hat, trägt das Datum vom 15. Juni 1941, ist also zwei Wochen nach seiner Einlieferung verfaßt worden. Oben rechts steht die vorgeschriebene Adresse des Schreibers: „Unzeitig Hubert, geboren am 1. 3. 1911, Gef. Nr. 26 147, Block 26/2, Dachau K." – Es folgen Datum, Anrede und die ersten zwei Sätze, die wir schon kennen: „Kam am 3. Juni hier in Dachau an. Bin gesund." Dann erkundigt er sich, ob Maria den kleinen Koffer mit seinen „Sachen" aus Linz erhalten habe, und fährt fort: „Was gedenkst Du in Zukunft zu tun? Hat P. Ansbert (gemeint ist der Nachfolger auf seiner Pfarrstelle in Glöckelberg,

Anm. d. Verf.) schon jemand für den Haushalt, und wie geht es ihm?" – Schließlich regelt er noch ein paar Dinge mit dem Intentionsbuch (Meß-Intentionen, die noch in Glöckelberg waren, als er verhaftet wurde) und schreibt: „Wenn Du heimfährst, sage der Mutter, daß ich soweit gesund bin und mich von Glöckelberg ja wegmelden wollte und daß ich dann wohl bald zum Militär gekommen wäre... Schreibe mir bald einen langen Brief über daheim und so weiter und schreibe auch an P. Otto (Heberling), da ich nur an eine Adresse schreiben darf. Einer von uns Priestern, der Erlaubnis hat, liest uns jeden Tag eine hl. Messe; auch einige Breviere haben wir hier..." (BAD 15.6.41).

Der zweite Brief stammt vom 29.6.1941: „Warte schon mit Sehnsucht auf eine Nachricht von Dir. Schrieb Dir vom Gefängnis in Linz auf die Rückseite der Zahlkarte und jetzt wieder vom Lager aus (vor 14 Tagen), habe aber noch keine Antwort erhalten... Nun, wie geht es all den lieben Angehörigen, vor allem der Mutter? – Bin gesund und habe vom Gefängnis die übrigen 80 M nachgeschickt bekommen, so daß ich mir hier etwas zum Brot, Schreibwaren usw. kaufen kann und somit mit dem Geld schon einige Monate auskomme, da ich ja sonst zum Essen genug bekomme. Also nichts schicken! Bitte schreib mir öfters und haltet P. Otto über mich auf dem laufenden... Im Geiste bin ich oft bei Euch, und vor allem im Gebet bin ich mit Euch vereint. Uns alle stärkt der Gedanke, daß ohne den Willen Gottes nicht einmal ein Haar auf unserem Haupte fällt und daß denen, die Gott lieben, oder die wenigstens sich darum bemühen, alles zum besten gereicht. Nun recht herzliche Grüße an alle lieben Verwandten und Bekannten, und recht oft schreibe an Deinen fernen Bruder Hubert" (BAD 29.6.41).

Im nächsten Brief fragt Pater Engelmar erneut, wie es P. Ansbert gehe, ob er schon eine Haushälterin gefunden habe, wie es mit den Meßintentionen stehe (er nimmt es ängstlich genau, will dem Nachfolger in jeder Hinsicht behilflich sein) und hängt offensichtlich noch sehr an seiner früheren Arbeit. Den Brief schließt er mit dem Satz: „Beten und opfern wir weiter füreinander und für die Rettung der Menschheit für Christus. Herzlichen Dank und Grüße an alle v. Hubert" (BAD 13.7.41).

Vierzehn Tage später schreibt Pater Engelmar in einem weiteren Brief (in dem er jetzt die ganze Familie anredet): „Es freut mich, daß Maria auf meine Briefe so pünktlich antwortet. Sie wird wohl mit einem Gefühl der Erleichterung von dem etwas ungastlichen Glöckelberg geschieden sein. Wir wollen ja gewiß alle für P. Ansbert beten und opfern, daß er an diesem schwierigen Posten durchhalten kann, wenn er dort zu bleiben gedenkt... Maria möge mir von den Angehörigen, den Mitbrüdern in Riedegg und Würzburg usw. Nachricht geben, soviel sie erhalten kann... Jetzt wird wohl die Ernte bald angehen. Steht das Getreide gut? Wir kommen aus dem Lager nicht hinaus zur Arbeit, so daß ich nicht weiß, wie es hier steht. Wir tragen für die anderen die Kost in Kübeln von der Küche zu den einzelnen (30) Blocks..." (BAD 27.7.41).

Mit dem letzten „eingeschmuggelten" Satz vom Kübeltragen deutet Pater Engelmar etwas ganz Schlimmes an: Die Geistlichen wurden nämlich zeitweise dazu verurteilt, diese schikanöse Arbeit für alle Lagerhäftlinge zu verrichten; eine mörderische Aufgabe, wie wir aus Augenzeugenberichten noch erfahren werden. (Vgl. das nächste Kapitel!)

Der am 10. August 1941 geschriebene Brief beginnt mit einer kleinen „Sonderheit": Am Briefkopf, bei der Adresse des Schreibers, heißt es hinter Dachau, 3 K: „Konzentrationslager", zwar klein geschrieben, aber doch sehr deutlich. Die Lagerzensur muß es übersehen haben. Pater Engelmar bittet seine Schwester, sie möge ihm immer „möglichst bald zurückschreiben". Wieder erkundigt er sich nach diversen Dingen: ob seine Uhr (aus der Linzer Haft) schon in Riedegg angekommen und ob mit den Meßintentionen alles geregelt worden sei; ob Maria ihm nächstes Mal fünf Mark schicken könne. Sehr gefreut habe er sich über die „tröstenden Worte von Sr. Adelhilde" (seine leibliche Schwester Regina, seit 1937 bei den Mariannhiller Missionsschwestern vom Kostbaren Blut in Wernberg/Kärnten). „Mutter wird jetzt wieder mehr Ruhe haben, wenn Maria daheim ist. Dann hat sie auch die Sorge um das in der Ferne weilende Kind nicht mehr. Gott lenkt alles mit wunderbarer Weisheit. Wir wissen nur nicht immer sofort, wozu alles gut ist. Möchte Maria hier herzlich danken für die liebende Sorge, die sie mir in Glöckelberg und seither zuteil werden ließ. Gott wird ihr und Euch, liebe Mutter, Eure Liebe und Sorge lohnen..." (BAD 10.8.41).

„Auch erkältet war ich noch nicht"

Immer wieder fragt Pater Engelmar nach den anderen Verwandten, nach seinen Mitbrüdern in Deutschland und Österreich – und gelegentlich läßt er ein paar Sätze über das Lager oder die dortigen Verhältnisse einfließen, etwa: „Haben hier auch oft Regen. Haben eine Bibliothek hier, dazu noch etwa zweieinhalb Stunden Schlaf, zweimal am Tag, vorm. bzw. nachmittags" (BAD 24.8.41).

Oder er geht auf die Gesundheit der Verwandten ein: „Ihr alle seid gesund. Auch ich bin es, Gott sei Dank. Durch unsere Tagesordnung: früh nieder und früh auf, Abwechslung zwischen Kosttragen, hl. Messe, Essen, Schlafen, Nachmittagsandacht (dazu ist seit Anfang September wieder schönes Sonnenwetter), Breviergebet usw. vergeht die Zeit schnell. Tage und Wochen eilen so dahin. Schon ist ein Vierteljahr vorüber. Suche die Zeit hier so gut wie möglich auszunützen für die seelische, religiöse und geistige Vervollkommnung. Nicht an letzter Stelle steht auf meinem Programm Gebet und Sühne. Empfehle Euch alle täglich Gott in der heiligen Messe aufs innigste, betend auch an Euren Namenstagen usw." (BAD 7.9.41).

Im folgenden Brief heißt es: „Bekannte aus der Heimat habe ich noch keine gesehen, da wir ja keine Verbindung mit auswärts haben. Nur der Guardian der Franziskaner von Mährisch-Trübau ist auf meinem Block. Er stammt aus dem Rheinland. P. Lenz ist auf mei-". Mitten im Wort endet der Satz. Die Lagerzensoren haben die nächsten zwei Zeilen herausgeschnitten. Was Pater Engelmar geschrieben hatte, wissen wir nicht, wahrscheinlich war es ein Hinweis auf die Schwester von Pater Johannes Maria Lenz SJ, die sich den Mariannhiller Missionsschwestern angeschlossen und so zwischen dem Mariannhiller und dem Jesuiten eine zusätzliche „Gemeinsamkeit" geschaffen hatte. (Pater Lenz hat bekanntlich das KZ Dachau überlebt und später sehr ausführlich über P. Engelmar berichtet. Wir werden ihn noch häufig zitieren, vor allem im Zusammenhang mit den Typhusbaracken.)

In seinem Brief von Anfang Oktober 1941 geht Pater Engelmar kurz auf das Wetter ein – im September war's schön und sonnig – „jetzt sollen wir die Pullover aus unseren Sachen herausbekommen zum Gebrauch, und auch Socken werden wir bald zu den Holzpantoffeln bekommen, so daß ich ja weiter nichts brauche. (Es kann auch nichts geschickt werden.)" (BAD 5.10.41).

Diese knappen Andeutungen sprechen Bände: Die Häftlinge hatten nichts Warmes zum Anziehen, keine Socken, nur Holzpantinen – und man durfte ihnen absolut nichts schicken! Im gleichen Brief heißt es: „Fühle mich, Gott sei Dank, noch gesund. Auch erkältet war ich noch nicht. Der Rosenkranzmonat sieht uns wieder am

Nachmittag zur Andacht zu gemeinsamem Rosenkranz-
gebet um den Altar geschart, um Maria, die Hilfe der
Christen, die Mittlerin der Gnaden, zu grüßen und um
ihre mütterliche Fürsprache anzurufen, und mit der Pa-
tronin der Missionare, der hl. Theresia, beten und opfern
wir für die Ausbreitung des großen Reiches der Seelen
Christi, des Königs, dem wir am Ende des Oktobermo-
nats huldigen wollen."

In dem zwei Wochen später geschriebenen Brief greift
Pater Engelmar erneut das Thema Pullover und Socken
auf: „Haben jetzt wieder feuchtkaltes Wetter. Aber mit
meinem Pullover, den ich aus meinen Sachen herausbe-
kam, kann ich es schon aushalten. Socken werden wir
wohl auch bald erhalten. Die 40 M von Euch sind einge-
troffen. Bis Dezember brauch ich vorläufig nichts. Bitte,
schickt mir nächstes Mal wieder fünf Briefmarken... Wie
heißt denn der Greifendorfer, der hier beim Militär
Dienst tut? Unter Umständen könnte er von sich aus mich
besuchen, da ich nicht zu ihm kommen kann. Ein gewisser
Kaplan Linhart aus Landskron ist auch hier..." (BAD
19.10.41). Hier also erstmals ein versteckter Hinweis auf
jenen aus Greifendorf stammenden SS-Mann (Franz Waldes), der, wie oben erwähnt, ein paar heimliche Briefe aus
Dachau herausschmuggelte.

Man sieht, die kleinen, aber wichtigen Informationen
werden, geschickt verpackt, in andere belanglose Meldun-
gen eingestreut. Zwischen Hinweisen aufs Wetter eine Bemerkung über Kleider, neben Andeutungen über Bücher
und Gesundheit ein paar „Einstreusel" über das Gebetsle-
ben im Lager. Nur so war es möglich, die Briefe durch die
Zensur zu bekommen. Häftlinge und SS-Leute, die die
Postzensur vornahmen, mußten möglichst unauffällig
übertölpelt werden!

Ein ehemaliger KZ-Priester hatte – um ein letztes Beispiel zu nennen – eine ganz besondere Methode: „Ich
hatte mit einem Kameraden, der aus meiner Heimatstadt

stammte und dessen Mutter nahe bei uns wohnte, ein anderes Geheimrezept entwickelt: Ich schrieb nur halbe Sätze – den anderen halben mein Kamerad. Legten die beiden Mütter, die das bald herausbekommen hatten, die beiden Briefe aneinander, dann hatten sie die ganze Nachricht!"

7.

Priesterbaracke Block 26

Dachau war das „größte Kloster der Welt" (Pater Johannes Maria Lenz: Christus in Dachau). Fast 3000 Geistliche lebten hier auf engstem Raum zusammen. Nie gab es jemals eine so große Ansammlung von – überwiegend katholischen – Geistlichen, die so eng und so lange zusammen lebten, arbeiteten und beteten.

Aus der „Dachau-Dokumentation", herausgegeben vom „Internationalen Comitee von Dachau" (Brüssel), geht hervor: Von insgesamt 2720 Geistlichen im KZ Dachau waren 2579 katholische, 109 evangelische – der Rest Orthodoxe, Mohammedaner, Altkatholiken und Mariaviten (nationalkirchliche Sekte in Polen). Von diesen 2720 Geistlichen waren 447 Deutsche.

Bei Eugen Weiler (GID) variieren die Zahlen ein wenig. Er weist 228 deutsche Weltgeistliche, 70 deutsche Ordensgeistliche und 35 nicht-katholische nach. Damit kommt er auf eine Gesamtzahl von 333 deutschen Geistlichen. Wahrscheinlich müßten hier die anderen Reichsdeutschen (Österreicher, Sudetendeutsche etc.) noch dazugezählt werden, um die Zahl der Dachau-Dokumentation zu erreichen! Von den deutschen Geistlichen starben laut Weiler 65 katholische und acht evangelische im Konzentrationslager. Die Gesamtzahl aller in Dachau inhaftierten Geistlichen gibt Weiler mit 2794 an.

Am 8. Dezember 1940 wurden die Geistlichen aller Konfessionen auf den Blöcken 26, 28 und 30 zusammengezogen. Diese drei Blöcke – sie waren in den Augen der SS besonders gefährlich – wurden auch kurz „Pfaffenblock" genannt. Sie waren mit einem besonderen Drahtzaun umgeben und durften nur von Geistlichen – nicht von anderen Häftlingen – betreten werden. „Einer der Unseren mußte untertags als Posten am Blocktor stehen und durfte nur ‚Pfaffen' reinlassen" (Brief von Pfarrer Richard Schneider an P. Bernstein betr. Pater Averesch/Redemptoristen-Gedenkblätter 1981).

Auf Block 26 gab es ab 21. Januar 1941 eine Kapelle, in der täglich eine heilige Messe gefeiert werden konnte. Die Kapelle bot ein Bild der Armseligkeit: ein Altar aus Kistenbrettern, ein Kelch aus einem Blechnapf, ein Tabernakel aus Konservendosen. Aber es reichte, um damit ein Meßopfer zu feiern.

Nichtpriester – ab 19. September 1941 auch die polnischen Geistlichen auf Block 28 – durften an den Eucharistiefeiern in der Lagerkapelle nicht teilnehmen. Trotzdem schlichen sich immer wieder einzelne ein. Oft wurden die Messen auch durch rücksichtslose SS-Leute gestört. Die polnischen Priester mußten auch Breviere und Rosenkränze abgeben. Der Kommandant verbot ihnen jede religiöse Praxis, auch innerhalb ihres eigenen Blocks – unter Androhung schwerster Strafen. Trotzdem herrschte auf Block 28 ein reges religiöses Leben.

Häufig fanden heimliche Messen irgendwo auf dem Lagergelände statt – natürlich stets ohne Meßgewand, ohne Kerzen, eine Blechdose oder ein Wasserglas als Kelch. Die Häftlinge standen dann um ein Blumenbeet herum, oder sie hockten in der Ecke eines Gewächshauses, immer gleichzeitig Ausschau haltend nach SS-Leuten, die sie ertappen könnten.

Immer wieder gelang es, daß deutsche Geistliche ihren polnischen Mitbrüdern oder anderen Häftlingen – natürlich unter großer Gefahr – Hostien bzw. Hostienpartikel brachten. Albert Riesterer aus der Erzdiözese Freiburg

Die Priesterbaracke im KZ Dachau

berichtet: „Ich nahm öfters eine zweite Hostie in die Hand, nahm sie in einem reinen Papierchen mit auf die Plantage, um den armen polnischen Priestern, die dieser Tröstung entbehren mußten, die hl. Kommunion bringen zu können. In einem Tannenbäumchen hatte ich meinen Tabernakel" (FDA).

Dachau – eine Schule des Betens

Im Priesterblock wurde viel gebetet. Die Geistlichen beteten jeden Abend gemeinsam im Schlafsaal ihr Nachtgebet. Sie beteten für ihre Pfarrgemeinden und auch für ihre Verfolger. Und zum Abschluß des gemeinsamen Gebetes gaben sie auch gemeinsam von ihren Schlafsäcken aus allen Freunden und Feinden den priesterlichen Segen.

Ernst Wilm, evangelischer Pastor, schreibt ergänzend zur Gebetspraxis im Dachauer Priesterblock: „Abends im Schlafsaal haben wir, Katholiken und Evangelische, gemeinsam gebetet. – Morgens, nachdem der kommunistische Stubenälteste ‚Aufstehen!' gerufen hatte, rief einer der Priester: ‚Gelobt sei Jesus Christus!' Und wir antworteten im Chor: ‚In Ewigkeit. Amen.' – Dann ging es in den gehetzten und qualvollen Tag hinein, aber wir wurden gestärkt durch das Wort Gottes und unser Gebet; das war für uns der ‚Himmel' in Dachau!" (So sind wir nun Botschafter)

In seiner anderen, schon früher zitierten Schrift über Dachau berichtet Wilm: „Oft ging ich, wenn ich's nicht mehr ertragen konnte, mit 180 bis 200 zusammengepferchten Menschen in einem Raum, in die stille Kapelle, um zu beten ... Wenn man nämlich ganz arm und hilflos ist und bei Menschen so gut wie gar keine Hilfe finden kann, wenn man dann lernt, vor Gott im Gebet das Herz auszuschütten und ihn um alles, auch um die kleinen Dinge zu bitten, um ein wenig warmen Sonnenschein für den frierenden nassen Leib, um ein Stück trocken Brot für den quälenden Hunger, ein Paar Schuhe, die die wunden Füße nicht so drücken, um eine Arbeit, bei der man nicht zugrundegeht ..., ja dann weiß man um das Geschenk, daß wir beten dürfen."

Viele Gebete richteten die Geistlichen an die Gottesmutter. Eines Tages gab es nämlich in der Lagerkapelle eine Madonnenstatue. (Sie steht heute in der Kapelle des Karmelklosters, gleich hinter dem Stacheldraht und Wachturm von ehedem!) Wie sie nach Dachau kam, berichtet Pater Dominikus Hoffmeister, Provinzial der Salvatorianer:

„In den Kriegsjahren war ich Superior unseres Kollegs in Jägerndorf (Sudeten). Ein langgehegter Wunsch ging in Erfüllung, als ich eines Tages in Breslau eine holzgeschnitzte Marienstatue erwerben konnte, um ihr einen Ehrenplatz in unserer Hauskapelle zu geben. Da erzählte mir die Pfarrhelferin, Bischof Nathan habe die Möglichkeit, den Priestern in Dachau zu einem Marienbild zu verhelfen. Ich gestehe offen, daß mir die Trennung nicht leicht fiel. Wir hüllten die Statue in eine Decke und fuhren sie nachts auf einem Schlitten – es lag tiefer Schnee – ins Jägerndorfer Pfarrhaus. Bischof Nathan sorgte für den Transport des kostbaren Bildes nach Dachau" (SvD 1/55).

Auf welche Weise dann die Madonnenstatue ins Lager gelangte, dort ausgepackt und aufgestellt wurde, darüber schreibt Prälat Georg Schelling: „Das Paket wurde wie alle anderen Pakete auf den Priesterblock gebracht und dort vom Blockführer kontrolliert. Es kam nicht immer der gleiche, für den Block zuständige SS-Mann. Als der Blockführer, der an diesem Tag die Paketkontrolle durchzuführen hatte, das große Paket sah, machte er ebenso große Augen und meinte, das werde kaum ein ‚Freßpaket' sein. Das Paket wurde geöffnet, und er sah den Inhalt. Er war nicht ungnädig, bemerkte aber, daß er das Paket nicht freigeben könne, da es ja nicht Lebensmittel, Wäsche oder dgl. enthalte. Ich machte den Vorschlag, es solle das Paket beiseite gelegt werden, bis die Angelegenheit geklärt sei. Hernach brachte ich es in die Kapelle ‚wegen Platzmangel in der Stube'. Der Blockführer, der am andern Tag kam, wußte offenbar nichts davon und fragte nicht danach. Also wurde die Madonna ausgepackt und aufgestellt. Kein Mensch fragte nachher, woher sie gebracht worden sei" (SvD 10/68).

Aus dieser Zeit stammt auch das Gebet der Dachauer Priester zur Gottesmutter. Verfasser war Pfarrer Johann Schulz, der im August 1941 ums Leben kam. Wir geben es hier leicht gekürzt wieder:

„Unsere liebe Frau von Dachau!

Obwohl wir selbst des Trostes bedürfen, bitten wir dich: Geh auf heilige Wallerschaft und tröste alle, die deine Hilfe nötig haben. Es ist ja Krieg – und Millionen leiden Tag und Nacht Gefahren für Leib und Seele. Zeige, daß du Mutter bist, und stärke sie. Millionen haben Haus und Heim verloren und irren obdachlos umher unter fremden Menschen. Bei dem Leid, das du selbst in Ägyptens Verbannung getragen hast, sei ihnen Zuflucht und Kraft. Und bei jenem großen Schmerz, den du unter dem Kreuz erduldet, tröste die Kranken und Verwundeten, gib Kraft den Gefangenen und stehe in der Todesstunde allen bei, die ihr Blut und Leben opfern müssen … Segne und stärke die Bischöfe in ihrem schweren Amt. Schütze und stütze vor allem unseren Heiligen Vater, dem das Herz so schwer sein muß, weil sein Arm gelähmt ist, die Not zu beheben, die Leiden zu lindern und den Frieden herbeizuführen. Und kommst du, unsere liebe Frau von Dachau, an die Stätten, wo unsere Eltern und Angehörigen, unsere Pfarrkinder und Mitarbeiter schon so lange um unsere Heimkehr beten, dann sage ihnen, daß du über uns wachst im Leben und im Sterben. Unsere liebe Frau von Dachau, zeige, daß du Mutter bist, wo die Not am größten ist. Amen." (Vgl. M. Münch: Unter 2579 Priestern in Dachau.)

Pater Engelmar, der ein großer Marienverehrer war, hat dieses Gebet unzählige Male gebetet und dabei seiner Mutter, seiner vier Schwestern, seiner Verwandten und seiner Mitbrüder gedacht. Dachau war für ihn nicht nur ein Leidensweg, sondern auch eine Schule des Betens. Er wußte sich einem Wort von Curt Goetz verbunden, der einmal gesagt hat: „Liebe dein Schicksal! Es ist der Gang Gottes mit deiner Seele."

In Dachau gewesen zu sein, meint Maurus Münch mit Recht, bedeutet nicht viel, aber in Dachau den Weg zu Gott intensiver gesucht zu haben, das sei die eigentliche Gnade dieser Jahre gewesen. Darin allein liege Heil und Auftrag „bis zum Ende des uns neugeschenkten Lebens" (a. a. O.).

Torturen besonderer Art

Die Tagesordnung im Dachauer Priesterblock sah, nüchtern betrachtet, eher human aus. Nach dem Aufstehen (um 5.00 Uhr) Waschen, Bettmachen, Frühstück, Zählappell. Um 7.15 Uhr Prim und Messe. Von dem damals noch bestehenden Nüchternheitsgebot waren die Häftlinge dispensiert. Von 9.00 Uhr bis 10.00 Uhr war Studienzeit mit Stillschweigen, dann freie Beschäftigung. Um 11.30 Uhr Mittagessen, um 12.30 Uhr Mittagsruhe, dann Vesper und freie Beschäftigung. Abendessen um 17.00 Uhr, Zählappell um 18.00 Uhr und schließlich um 21.00 Uhr Bettruhe.

Das liest sich nicht wie eine KZ-Verordnung. Im Unterschied zu anderen Gefangenen ging es also den Geistlichen verhältnismäßig „gut". Man konnte die Messe feiern und das Brevier beten. Es gab sogar eine „Bibliothek" mit ein paar Büchern. Was wollte man mehr?

Doch das Ganze dauerte nur ein Jahr. Dann wurden die Geistlichen wieder den anderen Arbeitskommandos, vor allem auf der Plantage, zugeteilt. Die Mittagsruhe fiel nun weg, und die Messe mußte vor dem Morgenappell gefeiert werden. Darüber hinaus wurden die Geistlichen ab sofort besonderen Torturen ausgesetzt.

Da gab es zum Beispiel die „Weintortur". Die Geistlichen hatten auf Kommando eines SS-Mannes in einem Zug einen Schoppen Wein (Viertelliter) aus einem Aluminiumbecher auszutrinken. Wer sich verschluckte, verspätete oder den Wein nicht hinuntertrinken konnte, bekam Hiebe auf den Kopf und Schläge ins Gesicht. Das war eine furchtbare Schikane!

Hier eine authentische Stimme: „Eine besondere Affäre wurde aus dem Schoppen Wein gemacht, der aus einer Stiftung des Hl. Vaters jedem Geistlichen auf Block 26 zustand. Eine Freude durfte es ja in dieser Welt ohne Gott nicht geben. So wurde uns auch der Weingenuß vergällt. Die Weinflaschen wurden am Morgen in Kisten auf den Block geliefert, genau abgezählt. Wenn der Blockführer, ein SS-Mann, kam, war ‚Weinkommando'. Vor seinen Augen mußten die Flaschen entkorkt werden. Die Confratres setzten sich in festgelegten Dreiergruppen zusammen. Jede Gruppe erhielt eine Flasche. Der Blockführer kommandierte: ‚Einschütten!' – jeder erhielt einen Schoppen (Viertelliter) in seinem Aluminiumbecher eingeschenkt. Dann folgte das Kommando: ‚Aussaufen!' – Auf einen Zug mußte der Schoppen hinuntergeschüttet werden, wobei mancher SS-Mann noch zur Eile trieb. Hierauf das Kommando: ‚Becher hoch!' Jeder mußte den Becher umgestülpt hochhalten, daß ja nicht ein Rest zum vernünftigen Trinken zurückbehalten wurde! Zum Schluß: ‚Becher absetzen!' Damit war das Weinkommando vorbei. – Die Tageszeit wählte sich der SS-Mann nach seinem Belieben: In der Frühe oder vor bzw. nach dem Essen" (S. Hess a. a. O.).

Pfarrer Franz Goldschmitt schildert das „Weinkommando" noch drastischer: „Alles geschah unter viel Gebrüll. Zuerst schrie der SS-Mann: ‚Weinholer raus!' Die anderen Geistlichen hielten unterdessen vorschriftsmäßig die Becher in den Händen. Mäuschenstille. Dann abermals die Stimme des SS-Mannes: ‚Sind die Pfaffen saufbereit?' – Der Stubenälteste brüllte: ‚Jawohl, Herr Blockführer!' Dann schrie dieser: ‚Flaschen aufmachen!' – Mit zwei Korkenziehern mußten zwanzig Flaschen überstürzt aufgemacht werden. Ging es nicht schnell genug, dann gab's Hiebe. Jetzt stieg der Blockführer auf einen Schemel. Jeder Geistliche hielt den gefüllten Becher in der Hand, blickte zum SS-Mann hinauf. Der brüllte: ‚Aussaufen!' und paßte scharf auf, daß auch alle den Becher gleichzeitig und ganz leerten. Wer sich verschluckte, verspätete oder gar den Wein nicht hinunterzugießen vermochte, bekam Hiebe auf den Kopf und Schläge ins Gesicht. – Manchmal fiel das Weintrinken absichtlich aus. Am anderen Tag mußte dann jeder Geistliche, nicht selten morgens früh in nüchternem Zustand, die doppelte Portion, also einen halben Liter, in einem Zug austrinken" (a. a. O.).

Am 11. Februar 1942 wurde der Weinausschank samt Kommando wieder eingestellt. – Eine andere schlimme Tortur war das Schleppen der Eßkübel für alle Lagerhäftlinge. Das war eine größere Schikane als jede andere Sklavenarbeit. Zwei entkräftete und durchgefrorene Priester mußten zusammen – durch Gebrüll und Schläge der SS angetrieben – einen Küchenkessel tragen.

Albert Riesterer berichtet: „Mancher hat sich dabei einen Bruch geholt. Die Kübel waren aus Eisen mit doppelter Wandung, an und für sich schon schwer, dazu der Inhalt mit ca. 50 Liter Tee, Kaffee oder Suppe, zusammen also 75 Kilo. Zwei Mann trugen einen Kessel, aber was für Mannen! Vom Hunger geschwächt, von langem Warten ausgefroren, durch Hiebe in der Küche aufgeregt, in haltlosen rutschigen Holzpantinen, über eine fünfstufige, eisbedeckte Treppe hinunter, im Laufschritt durch Schnee und über eisbedeckte Wege ..." (FDA).

Dreimal am Tag mußten die Eßkübel geschleppt werden. Und das von Männern, die oft nur noch 50 Kilo wogen! „Das Tragen dieser Kessel war für gesunde und starke Menschen eine Leistung, für abgemagerte, unterernährte eine Qual. Es wurde viel abgewechselt, bald rechts, bald links; es schmerzten die Hände, die Arme, der Rücken und die Füße in den Holzpantinen ..." (Eugen Weiler/GID).

„Einmal", so schildert es Pfarrer Hermann Dümig, „einmal vergaß ich in der SS-Küche beim Laufschritt zu den Eßkübeln die Mütze abzunehmen. Bauff! Schon hatte ich einen Schlag auf den Kopf, daß mir Hören und Sehen verging; ich konnte gerade noch den Kübel halten, damit er nicht umkippte. Man war in steter Nervenanspannung ... War der Inhalt eines Kessels verschüttet worden, so mußte der Priesterblock einen von seinen Kübeln abtreten – und ging leer aus; Ersatz gab es nicht ..." (GA/mmm-Archiv).

Eine ebenso harte Tortur war das Schneeschippen im Winter. Dachau, etwa 700 Meter hoch am Alpenrand gelegen, hatte häufig lange und schneereiche Winter. Jedesmal, wenn Schnee gefallen war, ertönte das sogenannte „Schneekommando", und die Geistlichen mußten an die Arbeit.

Ein „Ehemaliger" erinnert sich: „In der Nacht zum Dreikönigstag war unheimlich viel nasser Schnee gefallen. Am frühen Morgen, gegen halb vier Uhr, wurden die Insassen aus den Priesterblocks geweckt, und das Kommando ertönte: ‚Raus! Schnee schaufeln!' – Das blieb uns für viele Tage. Es war eine böse und schwere Arbeit. Es gab zu wenig Schaufeln und Karren, so daß auf Tischplatten und sogar in Kleidungsstücken der Schnee wegtransportiert werden mußte" (Zeuch/SvD 4/57).

Jean Bernard schildert die Szene noch ausführlicher: „Die ersten Januartage 1942 brachten riesige Mengen Schnee. Das Thermometer fiel auf 20–30 Grad unter Null. Von morgens bis abends wurde gescharrt, geschaufelt und mit Schubkarren zum Bach gefahren. Über 1000 Pfarrer waren dafür eingesetzt, während SS-Leute und Kapos uns mit Stockhieben und Fußtritten zum Laufen anhielten … Alles im Laufschritt. Ich war eben vor Müdigkeit über meinen Karren gepurzelt und brauchte Zeit, um hochzukommen. Da sprang ein SS-Mann herzu und befahl mir, mit der Last zu laufen. Er lief dann neben mir her und schlug dauernd mit einem Riemen auf mich ein. Beim Bach durfte ich nicht absetzen, sondern mußte die ganze Last ein zweites Mal rundfahren. Als er von mir abließ und ich den Karren niedersetzte, war mir die Hand an demselben angefroren, und ich mußte den warmen Atem zu Hilfe nehmen, um sie zu lösen … Weil die Karren nicht ausreichten, erhielt ein Teil von uns den Befehl, die Tischplatten aus unseren Stuben zu holen. Diese wurden nun mit Schnee hochbeladen und dann von je vier Mann auf den Schultern weggetragen …" (a. a. O.).

Das war Fronarbeit übelster Art! Welches Glück – sofern man in diesem Zusammenhang überhaupt noch von Glück sprechen kann –, daß das „Schneekommando" nur ein paar Monate im Jahr dauerte!

8.

Frondienst in der Plantage

Schwerstarbeit leisteten die Geistlichen ab April 1942 auf der sogenannten Plantage („Dachauer Moor"), einem Gelände, das viele hundert Morgen umfaßte. Auf der Plantage wurden vor allem Pfeffer, Paprika, Bohnenkraut, Basilikum und Thymian angebaut; ferner wurden hier verschiedene Drogen hergestellt und aus Gladiolenblättern Vitamine gewonnen. An die Plantage schlossen sich große Versuchsfelder an.

Auf diesen Gewürz- und Heilkräuterfeldern der SS mußten die Häftlinge härteste Arbeit verrichten. Zu Hunderten rutschten sie auf den Knien, jäteten Unkraut, krochen in pestartig stinkenden Wassergräben herum – ohne jede Deckung vor Wind oder Regen noch vor den Kapos (Häftlingsvorarbeitern), die sie oft wie Vieh behandelten. Und all dies stets unter Druck, ohne Verschnaufpause, oft im Laufschritt und unter ständiger Prügelandrohung.

Dazu kam der schreckliche Hunger! Im Gegensatz zu den anderen Häftlingen (Ausländer und Russen miteingeschlossen) hatten die Geistlichen auf der Plantage keine „Brotzeit". Das Arbeiten im Freien wurde von der SS nicht als schwere Arbeit eingestuft. Deshalb gab es für die Geistlichen kein Brot, sondern nur Arbeit.

Wie hungrig die Häftlinge waren, wie sehr sie sich mühten, heimlich und unter großem Risiko zum Beispiel an irgendetwas „Grünes" heranzukommen, schildert Jean Bernard so: „Tagelang hatte ich am Straßenrand auf dem Nachhausemarsch einen fetten Löwenzahn betrachtet.

74

Viele andere stierten gleichfalls hin, überlegten, wie sie sich seiner bemächtigen könnten. Ich hatte geschworen, daß der Löwenzahn mein würde! Eines Tages, da der Kapo auf der anderen Seite der Kolonne ging und ich selbst am äußersten Rand marschierte, schmiß ich kurzerhand im Vorbeigehen die Mütze auf die gelbe Blume, sprang aus der Reihe, riß mit der Mütze den Stock heraus und stülpte mir das Ganze auf den Kopf" (a. a. O.).

Einmal – es war im Herbst 1942 – wurde eine Extraration Brot ausgegeben. Die Häftlinge waren überselig. „Manche aßen es sofort, andere hoben es auf, andächtig in den Händen haltend, wie eine Himmelsgabe" (Franz Weinmann). Die Magenfrage war nun einmal im KZ die Frage Nummer eins. Menschen, die nie hungern mußten, können sich das überhaupt nicht vorstellen.

Fast täglich brachen Häftlinge beim Tragen übermäßig schwerer Lasten zusammen – oder beim Schieben von Karren im Laufschritt. „Schaltete einer eine Atempause ein, wurde er wegen Faulheit oder gar wegen ‚Arbeitsverweigerung' entweder an Ort und Stelle niedergeschlagen oder auf im Lager übliche Weise bestraft" (W. Adam: Nacht über Deutschland).

Wahrscheinlich „verdanken" die meisten im KZ Dachau verstorbenen Geistlichen ihr frühzeitiges Ende der grausamen Rackerei auf der Plantage. Die erschöpften, völlig ausgehungerten Männer wurden wie Sklaven, mitunter schlechter als Tiere behandelt. Sie wurden wie Ochsen oder Pferde vor Pflüge und Eggen gespannt – sechs Mann zogen die schwere Last stumpfsinnig dahin. Andere mußten Wasser schleppen, Tee sammeln oder die Kräuter trocknen – bei 50 und mehr Grad Hitze. Wieder andere hatten die Kräuter zu mahlen und holten sich dabei wunde Augen und Staublungen.

Die Geistlichen trugen bei dieser Arbeit auf den KZ-Feldern keinerlei schützende Kleidung, auch nicht bei schlimmstem Unwetter. „Selbst das Unterlegen eines

Stückchens Pappe auf den durchnäßten Erdboden wurde streng bestraft" (S. Hess).

Es war hart, in solcher Umgebung das Vertrauen in die Liebe und Güte Gottes zu bewahren. Daß die Geistlichen es schafften, trotz allem, hing nicht nur mit ihrem Beruf und ihrer Ausbildung zusammen; es war sicher auch ein Stück persönlicher Gotteserfahrung in Dachau, die sie immer wieder beflügelte und nicht verzweifeln ließ.

Hans Brantzen aus der Diözese Mainz äußerte sich in diesem Zusammenhang über Pater Engelmar in sehr bewegten Worten. Sie hatten sich im November 1941 in der Priesterbaracke kennengelernt; ab April 1942 arbeiteten sie zusammen auf der Plantage. In einem Brief Brantzens an die Mariannhiller Missionare in Würzburg heißt es:

„Ich lernte Unzeitig kennen als Mitarbeiter im Gewächshaus 6 der berüchtigten Plantage. Es waren furchtbare Monate – in Hitze und Regen und Schnee. Wir mußten Schubkarren fahren, Beete ausheben, saßen bei Regen und Sturm auf Pikierbeeten, Unzeitig und ich oft beisammen. Ohne ein falsches Loblied singen zu müssen, darf ich ruhig beteuern: Er war immer der gleiche; wenn die anderen klagten und heimdachten an die guten alten Tage, wenn es ihnen zu viel wurde und sie nicht mehr konnten, schaute er nach oben zum Vater. Und es half. Hauptpunkte seines feinen Charakters waren Bescheidenheit, Ruhe und Verträglichkeit in der Enge des Blockes. All das ließ ihn nicht auffallen. Was auffiel, war seine Caritas, wenn er bei seinen Mitbrüdern für andere arme Häftlinge bettelte ... Wie oft saß er abends nach der kargen Mahlzeit vor seinem Buche ‚Werktagsheiligkeit‘ und machte Exzerpte, über die ich mich oft mit ihm unterhielt. Beide gehörten wir einem kleinen Kreise an, der über liturgische, homiletische und praktische Fragen der Seelsorge diskutierte. Keine freie Zeit versäumte er zur Adoratio. Wenn wir von der harten Arbeit müde auf unseren Block kamen, um unseren Schlag Steckrüben oder anderes zu fassen, sah man ihn in die Kapelle gehen, bevor er die Stube betrat. Abends war Unzeitig stets für Minuten in der Kapelle zu sehen. Desgleichen vor jedem Antreten. Mit größtem Heroismus hielt er sich während des Sterbesommers und der Hungermonate 1942 aufrecht, oft zum Zusammenbrechen müde und schlapp wie wir alle. Dabei blieb er stets der gleiche hilfsbereite und stille Mann" (FN 1/1950).

9.
Briefe aus den Jahren 1941/42

Wenn wir die im KZ geschriebenen Briefe Pater Engelmars studieren, fällt uns auf, wie sehr er immer wieder Trost und Zuflucht im Glauben suchte. Dachau war für ihn – wie für die anderen Geistlichen, die dort inhaftiert waren – eine Lebens- und Gebetsschule. Besonders deutlich zeigen dies seine Briefe aus den Jahren 1941/42, die er in meist vierzehntägigem Rhythmus an seine Schwester Maria-Huberta richtete.

In einem Mitte Dezember 1941 geschriebenen Brief heißt es: „Was vielleicht manchmal als Unglück erscheint, ist oft das größte Glück. Wie vieles lernt der Mensch erst durch die Erfahrung in der Schule des Lebens. Wir sollen wohl die Friedlosigkeit in der Welt für die anderen mitfühlen und miterleben und ihnen zum wahren Frieden verhelfen. Dann wundert es uns nicht, wenn Gott uns manches aus der Hand nimmt, was uns lieb und teuer war" (BAD 15. 12. 41).

Am Anfang desselben Briefes wünscht Pater Engelmar seinen Lieben den Frieden des bevorstehenden Weihnachtsfestes: „Auch Christus pocht an die Tore der Welt und möchte ihr den Frieden geben. Doch scheint es, daß heuer die Wogen der Zwietracht zu hoch gehen, als daß ein allgemeiner Friede möglich wäre. Auch ist noch nicht all die Schuld und Ungerechtigkeit gesühnt, die menschliche Bosheit und Unzulänglichkeit angehäuft. Wenn schon Gottes Hand auf uns zu liegen scheint, dann wollen wir hoffen, daß wir beitragen zur Entsühnung von Schuld und Fehl."

Aus diesen Zeilen spricht die religiöse Verankerung des Mariannhiller Paters. Pater Engelmar empfand in der schier ausweglosen Trostlosigkeit des Dachauer KZs ähnlich wie Fedor Dostojewski (1821–1881). Der russische Dichter, der aus eigener Erfahrung die Straflager des Zaren kannte, schreibt in seinen Erinnerungen: „In der Trostlosigkeit der Zwangsarbeit dürstet man nach Glauben, wie trockenes Gras nach Regen dürstet – und endlich findet man ihn auch, denn im Unglück tritt er viel klarer hervor ... Vielleicht hat der Allmächtige mich hierher gesandt, auf daß ich das Wesen aller Dinge erlerne, um es anderen mitzuteilen. – Die Gefangenen der Schuld und des Unglücks bedürfen mehr der Liebe als die Unschuldigen und die Glücklichen."

In zwei anderen Briefen kommt besonders der missionarische Eifer Pater Engelmars zum Ausdruck. Er fühlte sich immer – auch im KZ – als Missionar. Konnte er keine Seelen belehren, dann wollte er – gemäß einem Wort der heiligen Theresia von Lisieux (1873–1897) – wenigstens für sie leiden und büßen.

Am 11. 1. 1942 schreibt er: „Mich tröstet sehr ein Wort der hl. Theresia: ‚Mit Worten kann man wohl Seelen unterrichten, retten kann man sie aber nur durch Leiden!' Wünsche sehnlichst, auf diese Weise auch P. Ansb. (Pater Ansbert in Glöckelberg, d. Verf.) in etwa zu Hilfe kommen zu können ..." –

Ende Januar 1942 heißt es: „Daß für uns viel gebetet wird und daß Gott wunderbar alles lenkt, merken wir hier täglich an uns. Doch hoffe ich, wie schon gesagt, auch hier für die Ewigkeit arbeiten zu können ... Wenn man ganz auf sich gestellt ist, sieht man erst, wieviel man in der seelischen Veredlung erreicht hat. Für Erfahrung und Anregung ist ja überall Gelegenheit ..." (BAD 25. 1. 42).

Wiederholt macht P. Engelmar Anspielungen auf die

Schikanen, die er und seine Mitbrüder im KZ erdulden mußten: „Daß der Teufel immer wieder Sturm und Unruhe erregt, wenn in der Zeit vor Ostern wieder viele Seelen seiner Gewalt entrissen werden, und daß dieser Kampf und dieses Toben sich steigert in der Zeit, da der Leidensweg Christi seinen Höhepunkt erreicht hat, davon wird wohl Walter (wieder der Deckname, d. Verf.) ein Lied singen können …" (BAD 5. 4. 42).

In einem anderen Brief ist zu lesen: „Bin überzeugt, daß Gott den Walter auch ohne Beihilfe seiner Angehörigen erhalten wird, wenn er noch Zukunftsaufgaben für ihn vorgesehen hat, wenn nicht, dann gilt: Was Gott tut, ist wohlgetan. Einige seiner Kameraden sollen schon in die Ewigkeit hinübergegangen sein. Gott hat ihr Lebensopfer angenommen …" (BAD 28. 6. 42).

Das sind ganz deutliche Hinweise auf die unmenschlichen Strapazen in der Plantage, über die zu schreiben ihm verboten war. Noch deutlicher und eindringlicher sind seine Worte im folgenden Brief: „Sicher hat Gott Euer Gebet auch für Walter erhört, der auch schwere Zeiten zu durchkosten hat. Er meinte unlängst, wäre Maria noch bei ihm, hätte sie nicht mehr halb soviel Arbeit, nicht soviel herzurichten, zu reinigen usw., da er schon mit gut der Hälfte zufrieden ist, so bescheiden ist er schon geworden. Hoffentlich hält er gesundheitlich durch" (BAD 12. 7. 42).

In einigen Briefen klingt die leise Hoffnung mit, daß am Ende der Leidenszeit vielleicht doch die Entlassung stehen könnte – wenn Gott es so wolle: „Gott ist wirklich gut und verläßt keinen, der auf ihn hofft, mag er auch manchmal bitter harte Zeiten über verschiedene kommen lassen. Es ist halt eine Zeit der Anspannung aller Kräfte in der Welt – hoffen wir zur Schaffung eines baldigen und dauernden Friedens, eines Friedens der Liebe und des Verstehens, zur Läuterung und Besserung der Seelen und Herzen. Ja, wenn es, wie Walter unlängst meinte, diese

Hoffnung nicht gäbe, dann müßte man wahnsinnig werden bei all der Not des Leibes und der Seele, doch Gottes Weltregierung ist nicht sinn- und herzlos wie manche Menschen. Doch soll Walter auch im hohen Norden nur Mut fassen, was er ja sicher immer wieder versucht bei aller Mutlosigkeit ... Hoffen wir, daß Getreide und Obst doch noch in etwa gute Ernte bringen, damit das Hungergespenst wieder beschworen werde und Gott sich auch derer wieder erbarme, die bei jedem Bissen Brot auf anderer Willen angewiesen sind" (BAD 25. 7. 42).

Diese Zeilen stammen aus der schrecklichen Hungerszeit im Lager, über die im nächsten Kapitel noch zu berichten sein wird. Die verschlüsselte Nachricht vom eigenen Hunger und von der eigenen Mutlosigkeit ist nicht zu überhören. Den folgenden Brief vom 9. 8. 1942 schließt Pater Engelmar mit den Worten: „Beten wir gemeinsam für Walter, daß Gott sich erbarme und sein Los wende!"

Immer wieder erkundigt sich Pater Engelmar nach der Gesundheit seiner Mutter und nach dem Wohl seiner Verwandten, Freunde und Mitbrüder. Er bedankt sich für die erhaltenen Briefe und für die monatlichen Geldsendungen von 40 Mark. Am häufigsten sind seine religiösen Ermunterungen an die Lieben zu Hause. Sie zeigen ihn stets von neuem als einen frommen und heiligmäßigen Priester: „Wenn doch die Menschen durch diese erschütternde Predigt den Weg zu Gott finden möchten und nicht mehr in irdischen Machtmitteln ihr Heil suchen wollten! Das Herz tut einem weh, wenn man ein ganzes Volk dem Abgrund zusteuern sieht" (BAD, ohne Datum).

Zusammenfassend läßt sich sagen: Fast alle Briefauszüge machen deutlich, wie sehr nicht nur Pater Engelmar, sondern alle Häftlinge unter der Fronarbeit im KZ leiden mußten. Damals standen in Dachau zwischen 12 000 und 15 000 Männer in der Fron der SS.

10.
Hungersommer 1942

Im Sommer 1942 brach im KZ Dachau eine regelrechte Hungersnot aus, auch unter den Geistlichen auf Block 26. Bei der harten Arbeit, die von früh bis spät auf der Plantage zu leisten war, war die Nahrung einfach zu wenig: schwarzer Kaffee („Muckefuck"), Wassersuppe (mit Krautblättern, Steckrüben oder Brennesseln), ein paar Kartoffeln, gelegentlich ein Stückchen Margarine oder eine kleine Scheibe Wurst. Das führte immer mehr zur Entkräftung und totalen Erschöpfung.

Hinzu kam, daß die Häftlinge keine ausreichende Kleidung hatten und bei Kälte oder Hitze, bei jedem Unwetter, draußenbleiben mußten. Hermann Dümig schreibt: „Von Ende April bis Ende August 1942 war unsere Tätigkeit fast ausschließlich Unkrautjäten auf den Knien, morgens und nachmittags, bei jeder Witterung und ohne Instrumente, so daß unsere Fingernägel, die ohnehin durch den Nahrungsmangel dünner wurden, nicht mehr manikürt zu werden brauchten ... Unsere Kleider mußten jeweils am Leibe trocknen, da wir keine Garnitur zum Wechseln besaßen" (GA/mmm-Archiv, Köln).

Pater Otto Pies berichtet vom Hungersommer 1942: „Mehr als alle anderen mußten die vielen hundert Priester im Konzentrationslager furchtbar leiden, weil sie für schwere Arbeiten eingesetzt wurden, ohne die Zulagen zu erhalten, die den anderen Häftlingen für die Arbeitszeit gegeben wurden. Die Wassersuppe und das kleine Stücklein Brot mit fünf bis sechs Kartoffeln jeden Tag vermochten die Kräfte nicht zu erhalten. Täglich waren ein bis zwei Priester an Entkräftung zusammengebrochen und zwei Tage darauf gestorben" (Helfende Hände).

Pfarrer Richard Schneider ergänzt: „Infolge der ärmlichen, unzureichenden Kost suchten die Häftlinge alles Eßbare zu erhaschen: Gras, Blätter, Lauch, Petersilie – alles, was auf der Plantage zu finden war. Diese Ernährung erhöhte nur die Zahl der an Hunger Erkrankten und trug wesentlich zu den hohen Totenziffern unter den Geistlichen bei. Das große Priestersterben setzte unter den polnischen Geistlichen im Juni 1942, unter den Deutschen im Juli 1942 ein" (FDA 90/1970).

Hungerruhr und Hungerödeme nahmen im Lager immer mehr zu. Nach Pater Johannes Maria Lenz gab es 1942 kaum einen Häftling in Dachau, der nicht – infolge des Hungers – die gewöhnliche oder rote Ruhr gehabt hätte. Erste Anzeichen waren meistens Schüttelfrost und Blähungen. Die einzige Rettung dagegen wäre gewesen: gar nichts essen! Aber wer war schon dazu noch willensmäßig in der Lage?

Der Hunger forderte mit der Zeit seine Opfer. Immer mehr Häftlinge erkrankten schwer: Erst schwollen die Füße und Beine. (Manche lagerten die Beine hoch, aber vielfach half auch das nichts mehr.) Dann schwollen auch Arme, Hände und Kopf, und es kam zum Dauerdurchfall – eine Art „Hungertyphusdurchfall".

Unter den Opfern dieses Sommers befand sich auch der aus der Diözese Würzburg stammende Weltpriester Georg Häfner (Pfarrer in Oberschwarzach). Sales Hess berichtet über ihn: „Er war einige Monate nach mir ins Lager gekommen. Sein Delikt bestand darin, daß er auf der Kanzel verkündigt hatte, ein Sterbender habe auf dem Totenbett seine unkirchlichen Eheverhältnisse in Ordnung gebracht ... Die Nazis verübelten ihm die Bekanntgabe und brachten ihn als Unruhestifter zur Anzeige – und nach Dachau ... Im August 1942 erfaßte ihn das

Hungergespenst. Füße, Hände, Kopf zeigten die bekannten Schwellungen. Als ich ihn das letztemal sah, waren schon die Augen tief eingeschwollen. Kurz vor seinem Tod bekam er eine Phlegmone, jene eitrige Entzündung des Unterhautbindegewebes, die in Dachau eine Zeitlang seuchenmäßig aufgetreten, damals aber schon fast verschwunden war. Nach einigen Tagen schon traf die Meldung von seinem Tode ein" (a. a. O.).

Zahlreichen Gefangenen brachte die Hungersnot einen elenden Tod. „Von 255 Mitbrüdern starben in diesem Jahr 55. Der Prozentsatz bei den polnischen Priestern und Ordensleuten war noch wesentlich höher – insgesamt etwa 800 Opfer im Jahr 1942!" (Hermann Dümig)

Die Hungermonate waren eine schreckliche und trostlose Zeit für die Gefangenen. In dieser Zeit drehte sich alles, aber auch alles, ums Essen. Die anderen Themen (politische, kulturelle, religiöse) waren zweitrangig und bedeutungslos geworden. Jeder hatte nur ein Problem: Wie kann ich mir etwas zu essen verschaffen? Wo liegt etwas herum, was genießbar wäre – Wurzeln, Kräuter, Gräser, Löwenzahn, Feldsalat, Rhabarber, Sauerampfer usw.?

Für ein einziges Stück Brot wurden im Lager bis zu 20 Mark bezahlt. Aber auch dann war Brot noch Mangelware. Wiederholt kam es beim Kampf um die wenigen Lebensmittel unter den Häftlingen zu furchtbaren und makabren Szenen. Lew Kopelew hat recht, wenn er schreibt: „Hunger ist schlimmer als der Tod."

Pakete mit Eßwaren aus der Heimat

Im Herbst 1942 kam die lang ersehnte Erlaubnis, daß die Häftlinge sich von zu Hause Pakete mit Eßwaren schicken lassen durften. Das war eine Wohltat, die kaum beschrieben werden kann. Denn sonst wären noch Tausende von Gefangenen an den Folgen des Hungers gestorben.

Was die SS letztlich zu dieser Erleichterung veranlaßte, ist nicht ganz eindeutig. Sicher waren es aber keine humanen, sondern eher „kriegsbedingte" Motive, die zu einer solchen Entscheidung geführt hatten. Man brauchte die Häftlinge für die Rüstungsindustrie – als Arbeitssklaven. Hungernde Häftlinge konnten keine guten Arbeiter sein.

Wo immer auch die Gründe liegen – nun setzte eine Großaktion von Paketsendungen ins KZ Dachau ein. „Zeitweise kamen täglich über hundert Pakete auf die Stube", schreibt Pater Sales Hess. Vielen wurde durch diese Hilfe das Leben gerettet.

Da die polnischen und andere aus dem Osten stammende Häftlinge nur wenige Pakete erhielten, halfen die deutschen und österreichischen Geistlichen aus. Sie verteilten viele Eßwaren an andere Blocks. Jetzt schwanden auch bei jenen, die Vorurteile gegenüber den „Pfaffen" hatten, allmählich die tiefverwurzelten Animositäten.

Die Kranken auf dem „Revier" (Krankenbaracke im KZ) erhielten ebenfalls viele Lebensmittel aus Baracke 26. „Ein richtiger Liebesgabendienst wurde organisiert. In jeder Stube standen vorn am Fenster Kartons, in die wir Kuchen, Äpfel und andere von den Kranken begehrte Dinge legen konnten. Täglich trugen die Pfleger große schwere Pakete ins Revier" (S. Hess a. a. O.).

Hans Carls berichtet ergänzend: „Ein jeder von uns hatte im Lager mehrere arme Kameraden aus seiner Heimat, die er unterstützen wollte. Oft sah man den einen oder anderen mit kleinen Päckchen den Block verlassen, um seine Gaben weiterzugeben. Am Tor zu Block 26 standen morgens, mittags und abends viele Bittende. Sie waren hungrig und baten um ein Stückchen Brot. Es wurde ihnen reichlich gegeben ... Wieviel heimlich (an Gutem) getan wurde, entzog sich der Kenntnis der Lageröffentlichkeit. Manche vertraten den Grundsatz, nur Landsleuten etwas zukommen zu lassen; die Haltung der meisten aber war, nur den Bedürftigen zu geben. Die Holländer sorgten für ihre armen holländischen Kameraden, die Tschechen und besonders die Polen für die Kameraden ihrer Nation. 1943, als das Elend besonders bei den Tb-Kranken größer wurde, beschlossen wir, jeden Donnerstag auf die ganze Brotration zu verzichten und sie den armen Kranken zur Verfügung zu stellen. Außerdem sammelte täglich jede Stube Lebensmittel und überwies sie ins Revier. Auch gab jeder von seinem Kantinenkonto oft eine Summe zum gemeinsamen Einkauf für andere Blocks, auf denen Kameraden wohnten, die keine Pakete erhielten. Wir haben ganze Fässer (roter) Rüben eingekauft und verschenkt" (a. a. O.).

Die Geistlichen haben mit ihrer Freigebigkeit vielen Häftlingen im KZ geholfen. Ihr Ansehen stieg sogar bei den Kommunisten im Lager. Theodor Brasse stellt – gegenüber gelegentlichen Anschuldigungen, daß die Geistlichen es an der notwendigen Hilfsbereitschaft und Solidarität hätten fehlen lassen – fest: „Tatsache ist, daß durch die caritative Tätigkeit der Geistlichen der Ernährungs- und Gesundheitszustand im Lager gehoben und die Sterblichkeitsziffer eine Zeitlang auf ein normales Maß gesenkt wurde" (zitiert bei Eugen Weiler/GID).

Weil ein Teil der Lebensmittel, die durch Pakete ins Lager kamen, erst zubereitet werden mußten, wurde auf Block 26 eine „Kochnische" eingerichtet. „Die Zubereitung besorgten meist solche Geistliche, die wegen ihres Alters oder körperlicher Behinderung nicht mehr zur Arbeit herangezogen wurden. Es bildete sich nun auf dem Block das scherzhafte Wort von der ‚kochenden Kirche'. Viele Laien, die an den Sonntagen den Block betraten (in den letzten Kriegsjahren war dies eher möglich als früher, wenn auch immer noch unerlaubt, Anm. d. Verf.), haben so Kaffee und Tee mit entsprechendem Zubrot genießen können. Es sei zugegeben, daß es auch einige wenige gab, die von dem, was sie hatten, nichts missen konnten, daß auch Menschliches, Allzu-Menschliches bei Priestern vorkam. Aber ist Heroismus nicht auch eine Gnade?" (Theodor Brasse)

In der Verbannung nicht vergessen

Überaus glücklich reagierte Pater Engelmar auf das erste Paket, das ihn im Oktober/November 1942 erreichte. Da die Briefe aus dieser Zeit undatiert sind, läßt sich der genaue Zeitpunkt nicht mehr feststellen. Er schreibt u. a.: „Ich sehe, daß wir hier in der Verbannung nicht vergessen sind."

Dankbar nahm Pater Engelmar jedes Paket entgegen, das er in der Folgezeit von Mutter und Schwestern, aber auch von den Mariannhiller Patres in Reimlingen erhielt. Man konnte jetzt auch von anderen Personen Pakete empfangen, obschon die Häftlinge selbst immer nur an eine Adresse schreiben durften.

Einem Dankesbrief vom Januar 1943 ist zu entnehmen, daß es für Pater Engelmar eine selbstverständliche Liebespflicht war, von seinen Paketen an andere KZ-Häftlinge abzugeben: „Es liegt an uns, daß wir alles zur Ehre Gottes tun – und um anderen Freude zu machen. Dann haben wir den größten Nutzen davon, und das Leben wird erträglicher. In diesem Sinne denke ich mir auch die Verwendung der Liebesgaben, die liebe Menschen uns in die Abgeschiedenheit schicken, denn nicht alle sind so glücklich, etwas zu bekommen …" (BAD).

In einem weiteren Brief macht sich Pater Engelmar Sorgen, die Lieben daheim könnten zuviel des Guten tun und sich selbst Leckerbissen vom Munde absparen: „Daß Ihr mir soviel schickt und schicken wollt, ist ja wirklich rührend; möchte Euch aber doch bitten, davon Abstand zu nehmen, daß ich nicht auf Eure Kosten ein Wohlleben führen will. Dazu sind die Zeiten zu ernst, und gerade die kranken Nerven der Mutter brauchen gute Nahrung. Es geht mir gesundheitlich, Gott sei Dank, recht gut. Will mich bemühen, tapfer durchzuhalten und weiter nur Gottes Willen zu erfüllen und alles Beten und Büßen für ein segensreiches Wirken meiner Mitbrüder aufzuopfern …" (BAD 24. 1. 43).

Als Pater Engelmar per Telegramm die Nachricht von dem unerhofften Tod seiner Mutter bekam, schreibt er seiner Schwester am 21. März 1943: „Wenn ich auch die Mutter in diesem Leben nicht mehr sehen konnte (Pater Engelmar hatte sie zuletzt gesehen, als er nach seinen Primizferien Anfang September 1939 nach Würzburg zurückkehrte! Anm. d. Verf.), so ist es doch ein großer Trost für mich, daß Du, liebe Schwester, Deinem heroischen Entschluß treu geblieben und die Mutter bis zum Hinscheiden so gut gepflegt hast. Teile mir bitte Näheres über ihren plötzlichen Tod mit. Gott wird Dir Deine treue Liebe reichlich belohnen und Dich jetzt, wo Du allein stehst, nicht verlassen und Dir die rechte Erleuchtung für die Zukunft geben …" (BAD).

Für seine verstorbene Mutter konnte Pater Engelmar in Dachau eine Totenmesse lesen. Es war die erste Messe, die er seit seiner Inhaftierung selbst feiern durfte – eine der wenigen Messen, die er in den vier Jahren KZ zelebrierte.

Die Briefe, die Pater Engelmar in der Folgezeit aus Dachau schrieb, kreisten um verschiedene Themen. Wir hören u.a. von der Ewigen Profeß seiner Schwester Regina-Adelhilde am 31. Mai 1943 in Wernberg, vom Gedenken an den Primiztag Pater Engelmars am 15. August oder vom Fliegerangriff auf München in der Nacht des 3. Oktober 1943, bei dem eine Leuchtbombe über dem KZ niederging, die den Dachstuhl des Wirtschaftsgebäudes in Brand steckte und die sogenannte „Effektenkammer" (mit dem persönlichen Hab und Gut der Häftlinge) ausbrennen ließ.

Immer wieder fleht Pater Engelmar seine Lieben an, seinetwegen keine zu großen Opfer zu bringen: „Beraubt Euch nur nicht zu sehr der notwendigen Dinge! Möchte wirklich nicht, daß Ihr an irgend etwas Mangel habt" (BAD 3. 10. 43). Er unterzeichnet seine Briefe jetzt öfters mit „Hubert in der Ferne". Die jahrelange Trennung von zu Hause ist ihm ein zusätzliches Opfer.

Von Hans Brantzen wissen wir, daß Pater Engelmar sich seit etwa Mitte des Jahres 1943 nicht mehr im Arbeitseinsatz auf der Plantage befand, sondern in der Besoldungsstelle der Waffen-SS außerhalb des eigentlichen Konzentrationslagers. Brantzen schreibt u. a. über das Verhältnis Pater Engelmars zu seinem Vorgesetzten:

„Dort erhielt er durch seine reservierte, untadelhafte Haltung eine solche Macht über seinen vorgesetzten SS-Führer, einen kriegsversehrten Unterscharführer, daß dieser sich oft mit ihm in tiefere Gespräche einließ. Ja, Unzeitig konnte diesem SS-Mann sogar Briefe persönlichen Inhaltes schreiben und auch sonst entsprechend wirken. Es war dies ein ganz eigenartiges Verhältnis, fast ein Mysterium, wie P. Unzeitigs tiefinnerliche, priesterliche Haltung auf diesen Menschen wirkte, der bis dahin der Kirche ferngestanden war. Es wird wohl immer ungeklärt bleiben, was die beiden im Letzten sprachen und wie tief P. Unzeitig die Zukunft dieses Menschen beeinflußte" (FN 1/1950).

Die Arbeit in der SS-Besoldungsstelle erwähnt Pater Engelmar erstmals in einem Brief vom 17. Oktober 1943: „Wie ich erfahre, ist Walter noch immer in der Kanzlei. Er kann es also schon aushalten. Lieber würde er ja Euch helfen oder woanders seine Körper- und Geisteskräfte einsetzen, aber er sucht halt aus der Not eine Tugend zu machen und alles für die Absichten seines höchsten Herrn zu nützen ... Danke Gott für jeden Tag, den er mir schenkt, um ihm in etwa Liebe und Dank für seine unzähligen Wohltaten zu bezeigen. Man merkt ja täglich mehr, daß alle seine Fügungen und Führungen lautere Liebe sind. Und täglich flehe ich ihn an: Vater, habe Erbarmen mit Deinen Kindern. Gebiete Einhalt dem grausigen Morden und schenke uns Deinen Frieden, den Frieden, den nur Du geben kannst ..." (BAD).

11.

Schikanen über Schikanen

Durch die Zusendung von Paketen hatten Pater Engelmar, seine geistlichen Mitbrüder und die anderen KZ-Häftlinge in Dachau zwar wieder mehr und besser zu essen, aber die Schikanen der SS-Leute blieben weiterhin bestehen. Und diese Schikanen waren furchtbar, unmenschlich, wie die folgenden Beispiele zeigen werden.

Lange Zeit, so schreibt Pater Otto Pies in seinem Buch „Stephanus heute", wurden alle Geistlichen bei der Einlieferung ins Lager sofort auf den Strafblock bei strenger Isolierung mit schwerster Arbeit und lebensbedrohlichen Schikanen gebracht. Das änderte sich erst bei Kriegsausbruch. Dachau war längst zum Schreckenswort geworden – wie das Wort „Der Schwed!" im Dreißigjährigen Krieg.

Lagerkommandant Hoffmann begrüßte mitunter die Neuankömmlinge im Dachauer Jourhaus mit folgenden Worten: „Selbst wenn der Krieg verlorengehen sollte, haben wir noch so viel Zeit, euch in den elektrischen Stacheldraht zu jagen!" (Zitiert von Brantzen/GID.)

Neben den diversen Strafarbeiten (in der „Strafkompanie") waren in Dachau vor allem gefürchtet: Hängen am Baum, 25 Doppelhiebe, die bisweilen auch im Freien vor den Augen aller Häftlinge verpaßt wurden, und der Stehbunker. Der letztere (nach Hans Carls 50 mal 54 Zentimeter und 2,10 Meter hoch) war eine Tortur eigener Art: Der Häftling mußte zwei Wochen lang darin ausharren – bei Wasser und Brot. Sadistische Wärter verhinderten mitunter mit Nadelspitzen, daß der Gemarterte sich setzte.

Über die in Dachau verordneten 25 Doppelhiebe am Bock schreibt Johann Neuhäusler: „Den Henkern bereitete es Vergnügen, wenn der Gefangene schrie, weinte, brüllte oder vor Schmerz ohnmächtig wurde … Kurz vor der Züchtigungsstrafe belehrte man den Delinquenten, daß er gewissenhaft die einzelnen Schläge zählen müsse; vergaß er infolge des Schmerzes zu zählen, dann erklärten die SS-Männer, sie wüßten nicht, wie viele Schläge der Delinquent erhalten habe – und ließen ihn von neuem zählen. 1942 verordnete Heinrich Himmler, daß die Prügelstrafe in sämtlichen deutschen Konzentrationslagern statt von den SS-Blockführern durch Häftlinge durchzuführen sei. Nicht bloß eine neue Grausamkeit gegen die Häftlinge, sondern auch eine teuflische Schlauheit: Wenn nämlich jetzt KZler an den erlittenen Prügeln starben, konnte man wie Pilatus sich in Unschuld die Hände waschen und erklären: Nicht durch die SS, sondern durch die eigenen Kameraden seien sie zu Tode geschlagen worden. Freilich, der Großteil der Blockältesten weigerte sich, diese Henkersarbeit an Kameraden zu leisten, aber einige fanden sich doch dazu bereit, um für sich Vorteile herauszuschlagen; aus Berufsverbrechern und Asozialen wurde dann eine besondere Prügelgruppe gebildet" (Wie war das im KZ Dachau?).

Sales Hess berichtet ergänzend über die 25 Doppelhiebe: „Sie wurden mit dem Ochsenziemer verabreicht. Der eine SS-Mann stand rechts, der andere links. Der Häftling lag auf dem Bock, einem eigens für diese Marter gebauten tischartigen Gestell. Unten waren die Beine eingespannt, oben die Arme angeschnallt. Die Bekleidung war verschieden, manchmal war die Unterhose erlaubt, bisweilen mußte sich der Häftling nackt hinlegen. Beide SS-Leute schlugen gleichzeitig aus Leibeskräften zu … Verzählte sich der Häftling, begann der Tanz von vorne.

So wurden zuweilen aus 25 auch 30 und 40. Das Blut lief dabei in Strömen. Ein SS-Mann prahlte, daß bei ihm das Blut schon beim ersten Schlag spritzte. Oft rissen die gekrümmten Spitzen des Ochsenziemers tiefe Wunden ins Fleisch. – Auch Geistliche waren von dieser Mißhandlung nicht ausgenommen ..." (a. a. O.).

Emil Kiesel aus der Erzdiözöse Freiburg hat von den deutschen Geistlichen in Dachau die wohl schlimmsten Strafen erdulden müssen. Man hatte bei ihm einen Rosenkranz gefunden, als er in Dachau eingeliefert wurde. Sofort mußte er sich ausziehen und splitternackt in den Schnee stellen. Die SS-Männer führten einen höllischen Lärm auf, tanzten um ihn herum, verhöhnten und ohrfeigten ihn und schlugen wild auf ihn ein. Nach einer Stunde kam er von der Kälte ins Bad; jetzt erfolgte die übliche Aufnahmeprozedur.

Ein anderes Mal wurde Kiesel auf den Bock geschnallt, weil er zwei Kameraden heimlich die Beichte gehört hatte; ein Lagerspitzel hatte es weitergemeldet. Kiesel verweigerte die Aussage, als der Lagerführer wissen wollte, was die beiden gebeichtet hätten. Daraufhin kam er 42 Tage lang in den Dunkelbunker. Der SS-Mann besuchte ihn anfangs fast täglich, oft hielt er ihm den Revolver unter die Nase mit der Bemerkung: „Wenn du jetzt nicht sagst, was die beiden gebeichtet haben, knall ich dich über den Haufen!" – Nach Tagen dieser Tortur antwortete Kiesel dem SS-Mann: „Bitte, drücken Sie endlich ab, damit ich meine Ruhe habe!" Daraufhin entfernte sich dieser, höhnisch lachend, mit der Bemerkung: „Das würde dir so gefallen, du Pfaff! Ich möchte aber aus dir keinen Märtyrer machen!" – Von da an ließ er Kiesel in Ruhe – bis die 42 Tage um waren. (Vgl. das Interview zwischen Prof. Hugo Ott und Prälat Kiesel, FDA 1970.)

Was mußten die Häftlinge in Dachau nicht alles erdulden! Da mußten sich Geistliche und Juden gegenseitig ohrfeigen. Brotdiebe mußten zur Strafe den ganzen Tag im Freien auf der Blockstraße stehen, nur mit einem kurzen Hemd auf dem Leib, barfüßig, barhäuptig – bei strömendem Regen. Viele SS-Männer stellten sich Totenköpfe von ehemaligen Häftlingen auf den Schreibtisch; das sollte eine „Härteschule" sein.

Am allerschlimmsten war es wohl für die übrigen Lagerhäftlinge, als sie erfuhren, daß 92 russische Offiziere erschossen werden sollten. Es war im Mai 1944. Durch Flüsterpropaganda war bekannt geworden, was die SS beabsichtigte. Da riefen die „nationalen Lagerkomitees" heimlich zum Streik auf. Niemand, hieß die Parole, werde zur Arbeit antreten! Als nach dem üblichen Morgenappell die Aufforderung zum Abmarsch an die Arbeitsstätten gegeben wurde, rührte sich keiner. Schweigend blieben die Zwanzigtausend stehen. Der Lagerführer erkundigte sich beim Lagerschreiber, was los sei. Der erklärte ihm: Die Leute sind unruhig, weil sie – gerüchtweise – von der bevorstehenden Erschießung der Russen erfahren haben. – Daraufhin wurde erneut Befehl zur Arbeit gegeben; wieder rührte sich niemand.

„Diese kameradschaftliche Solidarität packte die 92 Offiziere, die, schon abgesondert von den anderen 20 000 Häftlingen, auf der Bunkerstraße standen. Sie wollten nicht ihr Leben um den Preis der Gefährdung von 20 000 Kameraden erkaufen. So trat einer von ihnen, Oberstleutnant Tarassow, hervor und rief den Häftlingen zu: Genossen, rückt aus! Wir sterben, wie wir gelebt haben – im Kampf für Rußland. Lebt wohl, Kameraden! Rückt aus! – Doch die wollten auch jetzt nicht zur Arbeit antreten. Da forderte die SS telefonisch zwei Wachkompanien von 700 Mann an. Die erschienen mit Maschinenpistolen und Karabinern, doch auch jetzt rührte sich niemand auf dem Appellplatz. Noch einmal trat Tarassow hervor und bat um eine Unterredung mit dem Lagerschreiber – einem Häftling. Der entschloß sich erst jetzt, wenn auch schweren Herzens, das Kommando zum Ausrücken zu geben.

Kaum waren die 20 000 abgezogen, da rückten 15 schwerbewaffnete SS-Leute an, nahmen zwölf der russischen Offiziere in ihre Mitte und führten sie etwa 600 Meter weit zum Krematorium. Im Schießgraben, gleich neben dem Krematorium, wurden sie – einer nach dem anderen – ,liquidiert'.

Und die 15 SSler marschierten zurück zum Appellplatz, holten weitere zwölf Russen – und so fort, bis der letzte unter ihren Kugeln niedersank. 92 marschierten stumm in den Tod, nachdem sie es abgelehnt hatten, daß 20 000 ihretwegen Schwierigkeiten bekämen" (J. Neuhäusler: Wie war das im KZ Dachau?).

Bereits im Februar waren 31 Russen „liquidiert" worden – wie es die SS zu bezeichnen pflegte; Anfang September wurden abermals 90 Häftlinge (russische Gefangene) erschossen.

Neben diesen Grausamkeiten an KZ-Häftlingen fanden in Dachau die berüchtigten Selektionen (Auswahl für den Invalidentransport) statt. Diese wurden in der Regel öffentlich vorgenommen – auf dem Appellplatz. Franz Weinmann aus der Erzdiözese Freiburg berichtet, wie die „Invaliden" ausgewählt wurden:

„Ein Blick des Lagerarztes auf ihre angeschwollenen Beine oder ihren Ausschlag am Körper oder ihre krüppelhafte Gestalt oder ihren schwachen Zustand genügte, um sie als ,unwertes Leben' zu taxieren. Ein Wink nach links – zum Tod; nach rechts – zum Leben ... Wie das Schlachtvieh wurden sie aussortiert, ohne Erbarmen, mit kalter Überlegung und Berechnung. Fast alle wurden zum Invalidentransport bestimmt, das hieß zum Abtransport in ein anderes Lager, wo Vergasungskammern waren ... In Viehwaggons, eng zusammengepfercht, gingen sie, hungernd und verzweifelnd, in den sicheren Tod" (FDA).

Einmal zogen tausend Mann zum Bahnhof. Eine Todeskolonne. „Schweigend und starr vor sich hinsehend schleppten sie sich fort durch ein ungeheures Spalier bewaffneter SS-Posten. Man hatte, da die Invaliden nicht ausreichten, aus dem Revier noch alle möglichen Kranken, die dort zufällig lagen, zwangsweise herausgeholt und auf diesen Invalidentransport gejagt, damit die Zahl 1000 voll werde. Mitbrüder von uns (Geistliche), die damals Pfleger waren, haben zwar viele vor dem Tod gerettet, aber alle konnten sie nicht retten. Die Todgeweihten – eine massa damnata – gingen an uns vorbei. Opfer des Geheimnisses der Bosheit" (Weinmann).

Auch die SS-Ärzte gingen rigoros-brutal vor. Albert Riesterer hörte einen Revierarzt zu einem Häftlingspfleger sagen: „Ich brauche heute mittag um ein Uhr drei Leichen zu einer Sektion, da einige Kollegen von mir kommen, denen ich etwas zeigen will." – Da der Leichenwagen schon am frühen Morgen zum Krematorium gefahren war, befanden sich momentan keine Leichen auf dem Revier. Aber am Mittag um ein Uhr hatte der Arzt seine Leichen; drei Leben waren in Dachau schnell ausgelöscht! (Vgl. FDA 90/1970.)

Wie Pfarrer Friedrich Seitz in einer späteren Predigt berichtete, waren unter den Krankenpflegern vor allem zwei Häftlinge, die wegen ihres Sadismus und ihrer „Menschenschlächterei" berüchtigt waren. „Mit Spritzen haben sie unzählige Häftlinge ins Jenseits befördert." – Seitz, Mitte 1940 in Dachau eingeliefert, war Ende 1942 Pfleger auf dem Revier geworden. Oft hat er mitansehen müssen, wie Häftlingspfleger die Patienten um die Goldzähne beneideten; gar zu oft waren diese dann die „Todesursache"; manche wurden ermordet, um an die Goldzähne heranzukommen!

Zu diesen Greueltaten kamen viele medizinische Versuche und Experimente hinzu, die oft tödlich ausgingen. Zum Beispiel die Malariaversuche von Professor Dr. Klaus Schilling („Blutschilling" nannten ihn die Häftlinge). Professor Schilling (Universität München), der im KZ Dachau ein- und ausgehen konnte, ließ bisweilen 30 oder 50 Häftlinge abzählen und ins Revier abführen, wo sie mit Malariaviren geimpft wurden. Lebten die Versuchspersonen nach acht Tagen noch, so erhielten sie abermals Spritzen.

Bruno Theek schreibt dazu: „So sind allein aus unserem Block eines Morgens zwanzig Geistliche abgezählt worden; nach wenigen Tagen lebten achtzehn nicht mehr. Ebenso wurden Hunderte immer wieder mit Phlegmone-Erregern geimpft. Ich erinnere mich, wie eines Morgens beim Appell dreißig Italiener abgezählt und ins Revier gebracht wurden. Am selben Abend waren alle dreißig tot!" (Keller, Kanzel und Kaschott)

In der Dachau-Dokumentation wird die Zahl der Häftlinge, die Malaria-Experimente über sich ergehen lassen mußten, auf 1200 angesetzt. Übrigens wurde Professor Schilling, auch „Dr. Anopheles" genannt, 1946 der Prozeß gemacht. Er wurde zum Tode verurteilt und das Urteil durch Erhängen vollstreckt. Geistlichen Beistand lehnte er ab. (Vgl. Eugen Weiler/Redemptoristen Gedenkblätter, Oktober 1981.)

Ein anderer SS-Arzt, Hauptsturmführer Dr. Rascher, stellte in Dachau Versuche im Dienste der Luftwaffe an: Hoch- und Tiefdruck, hohe und niedrige Temperaturen, Wasserunterkühlung usw. Ein Geistlicher mußte einmal im Winter eine ganze Nacht bei offenem Fenster nackt und bloß auf einem Tisch liegen. Er fiel in Ohnmacht, aber sein Herz schlug weiter. Er hielt aus bis zum Morgen, bis Dr. Rascher kam und mit dem Experiment zufrieden war. Bei Herzstillstand hätte es eben einen Häftling weniger gegeben ...

Bei verschiedenen Versuchspersonen (VP) wurde die Körpertemperatur künstlich in Wasser und Eis bis auf 27 Grad gedrückt. Alle zehn Minuten mußten die Gehilfen Dr. Raschers die Temperaturen messen und aufzeichnen. Die meisten Kurven endeten mit einem Kreuzchen. Am Rand stand dann der Vermerk: „Bei dieser Temperatur ist das Versuchsobjekt gestorben." – So berichten Pater Karl Schmidt, der diese Kurven fotografieren mußte, und Pater Sales Hess.

Beim Lesen dieser SS-Barbareien (die um viele weitere ergänzt werden könnten) wird man oft angeekelt sein und den Kopf schütteln. Ein normaler Mensch kann es kaum für menschenmöglich halten, was im KZ an Bestialitäten geschehen ist. So erging es auch den Häftlingen in Dachau selbst: „Hundert und mehr Male haben wir im Lager gesagt: Wenn später einmal Bücher über die KZs geschrieben werden, glauben die wenigsten Leser, daß so etwas in unseren Zeiten möglich war, und die es glauben, können es nicht voll fassen, weil sie nicht selbst mit dabei waren" (Gottfried Engels/GID).

Man muß dem Schriftsteller Ernst Wiechert, der 1938 vorübergehend im KZ Buchenwald inhaftiert war, recht geben, der einmal das Naziregime und seine Methoden mit den Worten charakterisiert hat: „Das Volk war wie durch ein Sieb gefallen, und die Spreu hatte die Herrschaft über den Weizen gewonnen. Gottes Wind war des Teufels Wind geworden. Niemals war die Nacktheit der Macht schamloser verbrämt, niemals das ‚Ebenbild Gottes' tiefer geschändet worden."

12.

Briefe aus dem Jahr 1944

Es muß für die Häftlinge im KZ entsetzlich gewesen sein, zusehen zu müssen, wie ihre Kameraden geprügelt, über den Bock gelegt, aufgehängt, getreten, erschossen oder medizinischen Versuchen unterzogen wurden. Und sie durften nicht protestieren, mußten schweigen, ihre Bitterkeit und ihre Wut hinunterschlucken. Was ihnen blieb, war das Vertrauen auf einen gütigen und helfenden Gott – im Sinne des bekannten Wortes von Dietrich Bonhoeffer (1906–1945): „Von guten Mächten wunderbar geborgen, erwarten wir getrost, was kommen mag. Gott ist mit uns am Abend und am Morgen und ganz bestimmt an jedem neuen Tag."

Franz Weinmann schreibt: „Wir trotzten stumm der Gewalt. Wir trugen still das Unrecht. Dazu gehörte Mut. Verbissene Wut und verhaltene Empörung lag auf manchen Gesichtern. Gleichmut und stilles Mitleid verrieten die Blicke anderer ... Auch in unseren Reihen standen manche, die still beteten für die Gepeinigten und auch für die Peiniger. Und das war wohl die größte Waffe, die wir Wehrlosen bei uns trugen" (FDA 90/1970).

Pater Engelmar gehörte zu denen, die von dieser Waffe täglich Gebrauch machten. Angesichts des Massenelends, der satanischen Grausamkeiten und der bestialischen Greueltaten verlor er nie den Glauben an den guten und gerechten Gott. Pater Engelmar war ein großer Beter. Unermüdlich bestürmte er den Himmel, daß Gott dem

Leid ein Ende bereiten und der Welt den Frieden schenken möge.

In den Briefen des Jahres 1944 kommt deutlich Pater Engelmars großes Gottvertrauen zum Ausdruck. Immer wieder schreibt er davon, welche Kraft ihm das tägliche Gespräch mit Gott bringt. Und nie vergißt er, seine Lieben zum regelmäßigen Gebet zu ermahnen.

Es sind nur wenige Briefe Pater Engelmars aus dem Jahr 1944 erhalten. Seine Briefe wurden entweder durch die Lagerzensur zurückgewiesen, oder sie gingen – was wahrscheinlicher ist – durch die häufigen Bombenangriffe auf München verloren. Inwieweit in dieser Zeit „schwarze Briefe" aus dem KZ herausgeschmuggelt wurden, läßt sich nicht mehr nachprüfen. Möglich wäre es schon gewesen, aber kaum anzunehmen, weil offensichtlich der Kontakt zu „Waldes Franz", dem aus Greifendorf stammenden SS-Mann in Dachau, abgerissen war.

Hören wir einige kurze Auszüge aus den Dachau-Briefen des Jahres 1944. Am 2. Januar schreibt er: „Meine Lieben! Gott zum Gruß im Neuen Jahr! Mit Dank zurückschauend auf alles Frohe und Leidvolle des verflossenen Jahres wollen wir wieder mit kindlichem Vertrauen in die Zukunft schauen. Je mehr die Menschen in unvernünftigem Trotz ihre eigenen Wege gehen wollen und so ins Verderben rennen, um so inniger wollen wir Gott bitten, daß er all den angerichteten Schaden und das Unheil zum Guten wende und Frieden stifte unter den streitenden Kindern ..." (BAD).

Die in diesen Zeilen ausgesprochene Ermahnung zum Gebet findet sich auch in einem Brief vom 23. 1. 1944: „Viele Opfer verlangt dieser Krieg. Möchte doch Gott bald auch die Verblendung von den Menschen nehmen und sie auf den rechten Weg zurückführen – zu wahrer Liebe und Eintracht! Das soll weiter unser aller Gebet sein ..." (BAD).

Im nächsten Brief schreibt Pater Engelmar: „Wenn ich

auch alle meine Lieben nicht von Angesicht sehen kann, so bin ich ihnen im Geiste durch Vermittlung unseres Vaters im Himmel nahe. Ich denke mir halt immer wieder, wenn Christus, der vom Himmel gekommen war, die Welt zum Vater zurückzuführen, dreißig Jahre lang in der Verborgenheit das Leben eines Arbeiters geführt hat, so wird er auch unsere nicht-berufliche Tätigkeit (er arbeitet noch auf der Besoldungsstelle der SS; Anm. d. Verf.) in Gnaden für seine Absichten annehmen ..." (BAD 8. 2. 44).

Im gleichen Brief heißt es weiter: „Gebe Gott, daß die jetzige Prüfungszeit bald zu Ende gehe oder doch wenigstens die Menschen nicht zerbreche, sondern besser mache. Man denkt, Leid ist doch für gewöhnlich ein Führer zu Gott, aber man sieht, daß sehr schwere Heimsuchungen doch viele Laue auch zerbrechen und von manchen deren gottgewollter Zweck nicht erkannt wird. Bei Gott ist aber nichts unmöglich, so wollen wir weiter den Himmel bestürmen, daß Gott sich der vielen Irrenden und Schwergeprüften erbarmen möge ..." (BAD).

Seit dem Tod der Mutter, schreibt Pater Engelmar am 5. März, falle es ihm leichter, etwas Schweres zu ertragen. „Das läßt mich annehmen, daß Mutter schon im Himmel ausruhen darf am Vaterherzen Gottes. Sie wird auch Euch helfen in allen Nöten und vor allem, daß wir auch glücklich ins Vaterhaus Gottes gelangen. Jetzt, wo um uns herum so vieles in Trümmer sinkt, lernt man immer mehr, daß es doch allein auf die Ewigkeit ankommt und darauf, daß wir in selbstloser Liebe Gott und um seinetwillen den Mitmenschen Freude zu machen suchen. Ach, könnte man nur allen Notleidenden und schwer Heimgesuchten zu Hilfe kommen! – Könnte ich nur diese Gnade von Gott erflehen, wie gern möchte ich mit seiner Hilfe jedes Opfer auf mich nehmen ..." (BAD).

Der nächste Brief ist datiert vom 7. Mai 1944. Darin heißt es: „Es erschüttert einen oft, wenn man sieht und hört, wie die Menschen, die man trifft, trotz der Heimsuchungen, mit denen Gott an ihr Herzenskämmerlein anklopft und sie vom Seelenschlaf aufwecken will, weiter verstockt und verblendet dahinleben und eher verstockter und verbitterter werden. Andererseits erkennt man immer wieder, wie nach den Lehren unserer hl. Religion all die Rätsel und Schwierigkeiten, die anderen soviel zu schaffen machen, so schön gelöst werden und uns soviel Trost und Freude zuteil wird, wie schon der hl. Paulus sagte: Ich fließe über vor Freude in all meiner Trübsal. Könnte man nur allen die Freude in Gott mitteilen oder sie veranlassen, daß sie die Freude nach Gottes Willen suchten und nicht im Erdenstaub und Schmutz herumwühlten! Wir wollen weiter Gott bitten, daß er die Menschen an sich ziehe und ihnen Sinn gebe für das wahre Glück bei ihm ... Euer Hubert in der Ferne ..." (BAD).

Mit dem Hinweis: „Es treten halt manchmal dem Brieftransport Hindernisse durch Fremdeinwirkung und dgl. entgegen!" beginnt Pater Engelmar seinen nächsten Brief. Gemeint sind die Bombenangriffe – vor allem auf München. Dann fährt er fort: „Aber Gott schenkt mir weiter das Leben, daß ich ihm näher komme und Buße tue für meine und der Mitmenschen Sünden. Ach, wie gering ist doch alles, was man da tun kann in Anbetracht der furchtbaren Kälte und Gottvergessenheit! Es gibt aber auch erfreuliche religiöse Aufgeschlossenheit, die herzerfreuend ist ..." (BAD 21. 5. 44).

Im gleichen Brief ist weiter zu lesen: „Wenn man vom Getriebe der Welt etwas fern ist und mit Menschen aus allen Gegenden und Himmelsrichtungen zusammenkommt, weitet sich der Blick, man merkt, wie kurz, wie geringfügig dieses Leben ist im Vergleich mit der Ewigkeit, mit ewigem Glück oder Unglück des Menschen, wovon der Mensch schon auf Erden ein Stück im Herzen trägt, je nachdem, ob er von Gottes oder des Teufels Absichten erfüllt ist. Im Maienmonat dürfen auch wir uns hier um den Thron der Himmelskönigin scharen, um sie zu grüßen und ihr die Anliegen der schwergeprüften Menschheit vorzutragen ..." (BAD).

In einem am 11. Juni geschriebenen Brief erwähnt Pater Engelmar, er empfinde es als sehr schmerzlich, daß er seinen Verwandten schon so lange zur Last falle und seinen Unterhalt nicht selber bestreiten könne. „Aber Gott läßt sich an Großmut nicht übertreffen. Was aus Liebe zu ihm gegeben wird, wird er zurückbelohnen mit zeitlichen und vor allem mit unvergänglichen ewigen Gütern ... Hoffen wir, daß wir uns bald wiedersehen. Doch wollen wir in Geduld abwarten, bis Gott in seiner weisen Vorsehung eine Änderung der Lage kommen läßt" (BAD).

Im Juli 1944 wurde die Brief- und Paketzustellung für die Häftlinge in Dachau noch schwieriger; die Angriffe auf München und Umgebung nahmen weiter zu; viele Postzüge brannten aus. Pater Engelmar bittet seine Lieben daheim, nur langhaltbare Eßwaren zu senden, weil manche Pakete viele Wochen unterwegs seien.

Im Brief vom 13. August erinnert er an seinen Primiztag: „Wenn ich am 15. dieses Monats an den fünften Jahrestag meiner Primiz denke, wird mir wehmütig zumute, und doch danke ich Gott für alles Frohe und Leidvolle dieser Zeit eingedenk des Liedes: Es kommt die Zeit, wo Du begreifst, daß alles Segen war! – Ganz besonders will ich an diesen Tagen die Namenspatronin der Marie bitten, daß sie ihr all das Gute vergelten möge, das sie mir getan. Gott lohne es ihr ..." (BAD).

Jetzt folgt im Briefwechsel zwischen Pater Engelmar und seiner Schwester Maria-Huberta (seinen Lieben zu Hause) eine Pause von mehreren Monaten. Der nächste (uns erhaltene) Brief stammt vom Januar 1945.

13.

Ehemalige KZ-Häftlinge berichten

Um das Bild über Leben und Sterben im KZ Dachau „abzurunden", sollen im folgenden – mosaikartig zusammengetragen – ehemalige KZ-Priester und Laien in kurzen Aussagen zu Wort kommen, und zwar zu recht unterschiedlichen Themen und Vorgängen, mit verschiedenen Bewertungen und Stellungnahmen.

Nicht alles, was sie berichten, läßt sich auf Pater Engelmar Unzeitig beziehen bzw. übertragen; nicht alles, was sie schildern, wurde von ihm unmittelbar (mit)erlebt. Aber fast alles, so weit es in seine Dachauer Zeit fällt, war ihm irgendwie zu Ohren gekommen. Das meiste hat er „mit-erlitten", weil er darum wußte; andere haben es ihm erzählt.

Dabei gibt es immer wieder Überschneidungen. Manches wird in Nuancen anders dargestellt. Auch die zeitliche Einordnung der Erlebnisse ist nicht immer möglich. Zu viele Jahre, Jahrzehnte lagen für viele Augenzeugen zurück, als sie erstmals darüber schrieben oder sich interviewen ließen. Und doch tragen sie alle Wertvolles bei zum Gesamtbild der KZ-Situation. Wir wollen diese Kurzbeiträge Revue passieren lassen.

*

„In den elf Jahren, in denen Dachau existierte, sind ‚nur' 35 000 Menschen ums Leben gekommen; es ist wirklich das ‚beste' aller Lager gewesen!" (GID) – Das schreibt Ferdinand Maurath, Priester der Erzdiözese Freiburg. Über die Ursachen des Krankwerdens in Dachau vermerkt er: „Wer bislang im Büro mit Feder und Papier gearbeitet hatte und nun plötzlich zwölf Stunden pro Tag im Freien mit Pickel und Schaufel schaffen sollte – und das bei zwei Liter Krautbrühe, 300 Gramm Brot und wenig Zucker, ganz gleich, ob 20 oder 60 Jahre alt –, wer oft durchnäßt und verschwitzt bei jedem Wetter schuften mußte, wer nie die Kleider wechseln durfte, der mußte krank werden. Krankwerden war die fast notwendige Folge des Gefangenseins. Schon 1941 befanden sich ca. 1500 Schwerkranke unter 7000 Schutzhäftlingen in Dachau" (GID).

✳

Zu den Neuankömmlingen unter den Geistlichen in Dachau pflegte Pfarrer Richard Frasl zu sagen: „Das ist a bisserl arg im Anfang, aber es gibt sich. Wenn ihr nach vier Wochen in ein Arbeitskommando kommt, habt ihr das Schlimmste überstanden." – Frasl, Priester der Diözese Sankt Pölten/Österreich, sagte mitunter, seine Mitbrüder ermunternd: „Ich laß mich von niemand an Nächstenliebe übertreffen!" – Als freiwilliger Pfleger ging er zusammen mit Pater Engelmar gegen Kriegsende zu den Typhuskranken, wurde angesteckt und erlag den Folgen. Ein Märtyrer der Nächstenliebe!

✳

Viel Sorge und Kopfschmerzen bereitete den KZ-Geistlichen die Erinnerung an jene Gläubigen ihrer Gemeinde, die sie der Gestapo ausgeliefert hatten. In der Regel war's eine harmlose Bemerkung, die den Häftlingen zum Verhängnis wurde, wie etwa dem österreichischen Geistlichen Josef Rohrmoser: „Im September 1939 besuchte ich seelsorglich einen kranken Mann meiner Pfarre. Der Besuch war ganz kurz. Der Polenfeldzug war im Gange. Der Kranke fragte mich über die Lage, und ich äußerte mein Mißfallen am Krieg und prophezeite ein schlimmes Ende. Eine Frau, die meine Äußerungen über den Krieg hörte, zeigte mich daraufhin bei der Gestapo in Linz an ..." (GID).

*

Ein Tag in Dachau – auch ein ganz gewöhnlicher – war, wie Hans Carls feststellt, nie ohne Pein und Schmerz und Angst für den einzelnen: „Auch wenn einer nicht gerade unter der Wut der SS-Männer litt, fragte er sich verzagt, was ihm alles passiere, falls er nicht rasch genug seine Kappe abnehme, falls ihm ein Posten begegnete oder wenn er versehentlich eine der zahllosen strengen Vorschriften überschritt – oder wenn sein Gesicht dem Wächter nicht gefiel."

*

Pater Lenz, der im Lager „allen alles sein wollte", der unendlich vielen Häftlingen half, wo und wann immer er konnte, wurde eines Tages von einem Spitzel verraten, weil er jämmerlich bekleideten Häftlingen außerhalb des Priesterblocks Kleidungsstücke besorgt hatte. Dafür bekam er drei Wochen Stehbunker. Diese Tortur überstand der Jesuit relativ gut, weil viele sich seiner annahmen, auch jene Mithäftlinge, die im Stehbunker Dienst machen mußten; sie hintergingen die SS. – Als später Flecktyphus zu wüten begann, gehörte Pater Lenz zu denen, die sich freiwillig meldeten. Bald wurde er selbst angesteckt. – „‚Der muß gerettet werden!' war der einhellige Ruf aller Häftlinge, die den selbstlosen Lenz kannten. Aus dem Blut jener Häftlinge, die Flecktyphus überstanden hatten, wurde ihm ein Serum bereitet und eingespritzt. Seine Rettung gelang" (Pfarrer Richard Schneider, Brief an R. Schnabel).

*

„Eine der grundlegenden Tatsachen der Konzentrationslagerwelt, die man nie aus dem Auge verlieren darf, ist die ständige Unsicherheit über sein Schicksal, in der man immer war. Man wußte niemals, ob man abends an der Stelle, die man morgens verlassen hatte, schlafen würde. Aufgrund eines Befehles aus Berlin konnte man Knall auf Fall in das düstere Gehege vor dem Krematorium kommen, um durch einen Nackenschuß umgelegt oder am Galgen aufgehängt zu werden, ehe es in den Ofen ging" (E. Michelet: Die Freiheitsstraße).

*

„Wovor werden wir eigentlich noch Angst haben müssen", fragt Nico Rost (Goethe in Dachau) in seinen Tagebuchnotizen, „wenn wir aus dieser Hölle herauskommen, wenn wir den Flecktyphus und die ständigen Todesdrohungen der SS hinter uns haben? Meiner Meinung nach nur noch vor dem einen: vor unserem eigenen Gewissen."

Auch Nicht-Gläubige – Rost nennt sich einen Atheisten – konnten an dieser Frage nicht spurlos vorübergehen. Das Zermürbende des Lagerlebens stellte an den einzelnen stets neue Fragen, denen er nicht ausweichen konnte, wollte er seelisch überleben.

Auch die Sinnfrage wurde immer wieder auf oft selbstquälerische Weise gestellt. Rost zitiert den Aphorismenschreiber Lichtenberg, der ca. 150 Jahre vor Hitlers Henkersknechten schrieb: „Ich möchte was drum geben, genau zu wissen, für wen eigentlich die Taten getan worden sind, von denen man öffentlich sagt, sie wären für das Vaterland getan worden."

*

„Etwa 3000 Priester aus Europa waren im KZ Dachau. Über 1000 starben dort; von den Polen jeder zweite, von den Deutschen jeder vierte. – Als im Januar 1941 die Lagerkapelle eröffnet wurde, waren etwa 1000 Priester im Lager, davon lebten im Januar 1945 nur noch 400. Etwa 800 polnische Priester fanden in Dachau den Tod durch Gewalt, Hunger und Seuchen ...

Gering ist die Zahl der Priester, die bei Versuchszwecken starben, aber die Überlebenden dieses verbrecherischen Tuns eines Professor Schilling und eines Dr.

Rascher werden zeitlebens an den Folgen zu leiden haben" (Richard Schneider, FDA).

*

Von der uferlosen Trostlosigkeit des Gefangenenlebens in Dachau erzählt der österreichische Geistliche Alfred Berchtold: „Das Ganze atmet eine unbeschreibliche Öde und Trostlosigkeit. Ein scharfer Ostwind weht. Nebelgrau ist der Himmel. Hier in dieser Öde soll ich nun bleiben, Wochen, Monate, vielleicht Jahre. Über dem Tor müßte das Wort Dantes stehen: Wer hier eintritt, lasse jede Hoffnung fahren! – Da dringt Lärm an mein Ohr und weckt mich aus meinem trostlosen Brüten. Eine Straßenwalze nähert sich, von etwa 20 Häftlingen gezogen. Nur langsam rollt die schwere Walze daher. Mich packt Grausen. Im 20. Jahrhundert ziehen Menschen eine Straßenwalze! Rechts und links ein SS-Mann mit einem Knüppel ..." (GID) Unter den Häftlingen an der Straßenwalze erkannte Berchtold mehrere Prominente: den früheren Bürgermeister von Wien (Dr. Richard Schmitz), Prinz und Fürst von Hohenberg sowie Staatssekretär Oberst Adam; und er fragte sich insgeheim: „Was wird denn meine Arbeit in Dachau sein, wenn Minister Straßenwalzen ziehen müssen?"

*

„Gegenüber den vielen, die zwar nicht dabei gewesen sind, aber gern behaupten, so schlimm, wie es die ehemaligen Insassen der Konzentrationslager immer hinstellen, könne es kaum gewesen sein, möchte ich nachdrücklich betonen, daß es noch viel schlimmer gewesen ist, als Bücher und Bilder aufzuzeigen vermögen. Denn keine Feder und kein Pinsel ist imstande, die fortwährende seelische Qual und den täglichen Kleinkampf des Häftlings um sein Leben und gegen die ständig neu ausgeklügelten Gemeinheiten und Grausamkeiten der SS-Wachmannschaften so zu schildern, wie wir es in jahrelanger zermürbender Haft nicht nur von morgens bis abends, sondern auch Nacht für Nacht erleben mußten" (B. Theek a. a. O.).

*

„Das beste Kleidungsstück im KZ ist Abhärtung – und davon hatten wir uns längst ein ordentliches Quantum zugelegt." So schreibt Jean Bernard (a. a. O.). Der luxemburgische Geistliche hatte 1942 mitbekommen, daß 300 russische Offiziere in Dachau eingeliefert worden waren. Nach kaum sechs Wochen wurden sie aus dem Lager hinausgeführt und nie mehr gesehen. Bernard: „Am nächsten Tag wurden dann 300 russische Uniformen von uns desinfiziert und durch die Kleidermühle in Streifen geschnitten für die Spinnstoffsammlung."

*

„Würde mich heute jemand fragen: Möchtest du lieber ein Jahr in Dachau sein oder fünf Jahre im Zuchthaus? – Ich würde ohne nachzudenken das Zuchthaus vorziehen. Da hatte man noch gewisse Rechte. Im KZ aber war man der letzte Dreck" (Ludwig Lazarus in: Sie flohen vor dem Hakenkreuz, Reinbek 1981).

*

Anfang der 40er Jahre gab es in Dachau Flöhe; sie hielten sich in den Strohsäcken der Häftlinge. Lange Zeit grassierte die Krätze, „eine ekelhafte und ständig beißendes Jucken verursachende Hautkrankheit, die wohl aus dem Osten eingeschleppt worden war. Zeitweise hatten wir täglich Krätzekontrollen …

Wer wegen Krätze ins Revier geschickt wurde, war in großer Gefahr, für einen Invalidentransport aufgeschrieben zu werden, was unfehlbar das Ende (Tod durch Gas) bedeutete … – Solche Transporte gingen nachts zwischen ein und drei Uhr ab; die Invaliden waren nur mit Hemd und Hose bekleidet … Ein Mitbruder, Hermann Scheipers, entrann diesem Verhängnis, obwohl er schon auf der Liste der Todeskandidaten stand. Ein ihm wohlgesonnener Pfleger oder Revierschreiber hat ihn heimlich wieder von der Liste gestrichen. Scheipers hat begreiflicherweise geschwiegen. Ein paar Wochen nach dem Transport erhielten dann die Angehörigen die Mitteilung, Häftling Soundso sei an Lungenentzündung gestorben ..." (Hermann Dümig).

*

1941 wurden die Blöcke 26, 28 (und 30), wo die Geistlichen untergebracht waren, durch hohe Gitter- und Drahtverhaue vom übrigen Lager abgesperrt. Die Pfarrer durften mit den anderen Lagerinsassen nicht verkehren. „Trotzdem war an einer Stelle, wenn die Luft rein war, reger Verkehr, nämlich an der Seite, die zum Krematorium hin lag. Dort wurde dann öfter gebeichtet, die heilige Kommunion verstohlenerweise gespendet, dort wurden auch Liebesgaben ausgetauscht und Grüße aus der Heimat ausgewechselt" (Gottfried Engels, GID).

*

Über die seelische Verfassung der Häftlinge machte der Wiener Arzt und Psychologe Viktor E. Frankl („Trotzdem Ja zum Leben sagen") aufschlußreiche Beobachtungen. Außer Galgenhumor komme bei Todeskandidaten – und das waren alle KZ-Häftlinge ohne Ausnahme – etwas anderes auf, nämlich Neugier. Neugier, ob man mit dem Leben davonkomme. Ob es ohne Schädelbruch abgehe usw. Der Drang nach Neuem, die Gier zu forschen, der Wunsch, sich selbst zu testen, so Frankl, habe so manchen KZ-Häftling am Leben erhalten. Jene, die die Flügel hängen ließen, hatten die geringeren Chancen, jemals wieder lebend aus dieser Hölle herauszukommen.

„Neugierig waren wir", schreibt Frankl, „was nun alles geschehen würde und was die Folgen seien. Die Folgen z. B. davon, daß man splitternackt und noch naß von der Brause im Freien stehengelassen wird, in der Kälte des Spätherbstes. Und die Neugier wird in den nächsten Tagen von Überraschungen abgelöst, z. B. von der Überraschung darüber, daß man eben keinen Schnupfen bekommt ..."

Frankl wunderte sich auch, daß er neben zwei Schnarchern auf der dritten Etage eines Holzbettes gut schlafen konnte. Daß es ohne Kopfkissen ging. Daß die ganze Lagerzeit über keine Zähne geputzt wurden und doch das Zahnfleisch in Ordnung blieb. Daß man ein halbes Jahr lang ein und dasselbe Hemd tragen konnte. Und immer wieder – so der österreichische Psychologe, der das KZ überlebt hat – das Sichwundern, das Fasziniertsein, die Gier nach Neuem, aber auch eine tiefe Sehnsucht nach „Alleinsein mit sich selbst und mit den eigenen Gedanken, die Sehnsucht nach einem Stück Einsamkeit".

*

Die meist jungen SS-Männer, die das Lager bewachten, mußten vor ihrem Eintritt in die Hitlerische Leibgarde aus der Kirche austreten; sie mußten sich sogar bereit erklären, notfalls auf Vater und Mutter zu schießen. „Täglich wurde ihnen vorgemacht, daß die Häftlinge keine Menschen seien, sondern Ausgestoßene aus der Volksgemeinschaft" (S. Hess a. a. O.).

*

Im Sommer 1944, so berichtet Ernst Wilm, wurden an die 700 französische Häftlinge in Dachau eingeliefert, je 100 in einem Waggon, in dem maximal 50 Platz gehabt hätten. Man hatte ihnen für zwei Tage Brot und Wasser mit auf den Weg gegeben. Der Zug war aber zehn bis zwölf Tage unterwegs gewesen. Wilm: „Als man die Waggons in Dachau öffnete, schlug den Häftlingen, die das Ausladen besorgen mußten, und der begleitenden SS-Mannschaft ein furchtbarer Leichengeruch entgegen ... Von den 700 waren keine 400 mehr am Leben, die anderen waren wohl erstickt, oder sie haben sich in der Erstickungsnot selbst umgebracht ..." (Dachau).

14.

Heimliche Seelsorge bei russischen Häftlingen

Kehren wir nach diesen Augenzeugenberichten ehemaliger KZ-Priester und Laien zurück zu Pater Engelmar. Wir sagten: Nicht alles Geschilderte hat Pater Engelmar miterlebt; nicht alles, was hier aneinandergereiht wurde, war ihm bekannt. Aber es war das Umfeld, in dem er mit seinen Mitbrüdern leben und leiden mußte.

Von Pater Engelmar wissen wir, daß er während der letzten Jahre seiner KZ-Haft viel für die russischen Häftlinge getan hat. Das wird uns in zahlreichen Berichten ehemaliger Häftlinge bezeugt. Die russischen Häftlinge waren zwar beeinflußt vom atheistisch-marxistischen Regime ihrer Heimat, aber sie waren nicht anti-religiös geworden, sondern interessierten sich vielmehr für alles Religiöse.

Kontakt mit den Russen bekam Pater Engelmar in der Messerschmitt-Baracke von Dachau, wo er – nach seiner Tätigkeit auf der Besoldungsstelle – mit anderen deutschen und österreichischen Geistlichen arbeitete. Pfarrer Hans Brantzen schreibt: „Als wir Geistlichen wegen einiger ‚Vorkommnisse‘ aus der Besoldungsstelle verwiesen wurden, fanden wir (er meint sich und Pater Engelmar, Anm. d. Verf.) ein gemeinsames Kommando: Messerschmitt, Flugzeugbaracke mit Tag- und Nachtschicht. Wir arbeiteten uns zu Kontrolleuren auf und bekamen dadurch die Möglichkeit, manches Gute zu wirken an armen Russenjungen und kleinen Franzosen und Italienern und überhaupt an all denen, die uns unterstellt waren" (FN).

Über Pater Engelmar heißt es weiter in diesem Bericht: „Hier bei Messerschmitt erlebten wir bei Pater Unzeitig ein Ereignis besonderer Prägung, bei dem seine Hilfsbereitschaft für religiös suchende Menschen besonders zum Ausdruck kam. Dort mußte uns ein russischer Familienvater, Peter mit Namen, in die ersten Anfänge der Technik einführen. Er war ein guter Mann, Vater von zwei Kindern, die wohl noch heute mit ihrer Mutter auf den Vater warten. Peter entpuppte sich als ein schlichter, aber tiefer und geistig reifer Mensch, der die Probleme des Lebens sieht und anpackt. Und so begannen bald Gespräche um Gott in den Nächten bei Messerschmitt. Nikodemusstunden eigener Art. Pater Unzeitig nahm sich immer mehr dieses Suchenden an. Die beiden trafen sich außerhalb der Arbeit oft auf der Lagerstraße zu Zwiegesprächen. Es entwickelte sich zwischen den beiden ein feines Freundschaftsverhältnis auf geistiger Basis. Um sich besser mit Peter verständigen zu können, lernte Pater Unzeitig fleißig Russisch. Aber in diesem Peter blieb eine letzte Unsicherheit und ein letztes Bangen ...“

Dieser Bericht, 1950 geschrieben, enthält noch einen anderen Hinweis auf den russischen Häftling: Nach dem Tod Pater Engelmars war er so tief getroffen, daß er sich zur Konversion in die katholische Kirche entschloß. Brantzen: „Die Entscheidung, freiwillig in die Krankenblocks zu gehen, hat bei Peter das Eis gebrochen und das letzte Hindernis entfernt. Der Tod seines Missionars erschütterte ihn fürchterlich. Er verehrte Pater Unzeitig wie einen Heiligen. Er ließ auch seinen Angehörigen einen sogenannten schwarzen Brief zugehen, in dem er Pater Unzeitig als einen Heiligen preist, der ihm Christus gebracht ...“ (FN).

Ähnlich lobenswert äußert sich Pfarrer Josef Witthaut (Brügge/Westfalen) über Pater Engelmar. Witthaut wurde Anfang August 1944 ins KZ Dachau eingeliefert und arbeitete mehrere Monate mit Pater Engelmar zusammen. In einem persönlichen Brief an Sr. Adelhilde-Regina Unzeitig (Witthaut war Heimatpfarrer einer ihrer Mitschwestern) heißt es im September 1945 über Pater Engelmar:

„Er schien immer nur daran zu denken, wie er anderen helfen könne, sich selbst sah er immer zuletzt. Wenn von daheim ein Paket kam, hatte er immer Bekannte, denen er helfen mußte. Auch viele Konfratres wußten, daß Hubert Unzeitig immer wußte, wo es Hunger zu stillen gab. So ging manche Gabe durch seine Hand weiter an Zivilhäftlinge, von denen er sehr viele infolge seiner langen Haftzeit kannte und die durch ihn dann Hilfe im Priesterblock 26 fanden" (GA).

Verborgen und äußerst vorsichtig betrieb Pater Engelmar seine Seelsorge und Liebestätigkeit im Lager. Viele taten es mit ihm. Trotz stetiger Drohungen mit schwersten Strafen wurden im KZ Sakramente an Laien und Geistliche gespendet, wurde Sterbenden beigestanden. Oft wickelten Priester die Hostien in Zeitungspapier ein und übergaben dieses verstohlen den Häftlingen.

Viel Hilfe erhielten die Geistlichen dabei von der Außenwelt. Pfarrer Pfanzelt aus Dachau zum Beispiel verstand es meisterhaft, die SS zu umgehen, Laien zu finden, die Kurierdienste übernahmen, oder Frauen in seiner Stadt zu mobilisieren, als die Post keine Pakete mehr befördern konnte. Josefa Mack („Mädi"), eine Kandidatin der Armen Schulschwestern, brachte unauffällig über die Plantage Hostien, Meßwein, Kerzen, Arzneien und andere wertvolle Dinge. Ohne diese Hilfe hätten die Priesterhäftlinge viele Dienste, besonders auf dem Revier, nicht verrichten können.

Frömmigkeit, Standfestigkeit und Idealismus zeichneten die meisten Priester in Dachau aus, auch die ausländischen. Neben der seelsorglichen Tätigkeit gab es unter den Geistlichen eine rege geistige Tätigkeit, zum Beispiel die Pflege der Musik zur Verschönerung der Gottesdien-

Priestermesse in der Lagerkapelle im Priesterblock des Konzentrationslagers in Dachau. In dieser Kapelle wurde Karl Leisner zum Priester geweiht. Hunderte von Priestern waren hier hinter doppeltem Stacheldraht nochmals zusätzlich isoliert und von den übrigen Lagerhäftlingen abgesondert.

ste oder die Abhaltung von theologischen Arbeitskreisen – trotz strengen Verbotes. Das trug mit dazu bei, die Öde und Trostlosigkeit des Lagerlebens für die Geistlichen ein wenig erträglicher zu machen.

Höhepunkt des KZ-Lebens der Geistlichen war dann die heimliche Priesterweihe des Diakons Karl Leisner, gespendet vom französischen Mithäftling Bischof Gabriel Piguet von Clermont-Ferrand am dritten Adventssonntag 1944. Vielleicht war dies die eindrucksvollste Priesterweihe der Kirchengeschichte überhaupt – mit Hunderten von Priesterhäftlingen, die für den Neupriester beteten. Pater Engelmar war wahrscheinlich einer der Geistlichen, die Karl Leisner in der Lagerkapelle zu Dachau die Hände mitauflegen durften.

Pater Engelmar gehörte übrigens auch zu den Geistlichen, die Teile aus der Heiligen Schrift, Passagen aus der „Nachfolge Christi" und Texte aus dem Katechismus ins Russische übersetzten. Ihm war ja, wie oben erwähnt, die „Missionierung" der russischen Häftlinge ein besonderes Anliegen. Bei diesen Häftlingen handelte es sich entweder um junge Männer, die „wegen Sabotage" aus Rußland deportiert und in deutschen Rüstungsbetrieben eingesetzt worden waren, oder um russische Zivilgefangene (unter ihnen viele Ukrainer), die ab August 1942 nach Dachau gekommen waren.

Hermann Dümig, der Pater Engelmar von der gemeinsamen Studienzeit in Würzburg her kannte, schreibt über den Mariannhiller und seine Sorge um die russischen Häftlinge: „Sein Seeleneifer kannte keine Grenzen. Im täglichen Religionsgespräch schwanden einem russischen Häftling, Ingenieur im Zivilberuf, alle Zweifel und Bedenken, so daß er versprach, nach seiner Rückkehr seine Zivilehe in Ordnung zu bringen und den christlichen Glauben wieder zu praktizieren ... Später, das heißt in der für die Inhaftierten so grausamen Endzeit, übernahm Pater Engelmar die Stelle eines Stubenältesten, um den ar-

men Kameraden seelsorgerisch helfen zu können"
(MS/GA und mmm/Köln).

Erst später wurde bekannt, daß der von Dümig erwähnte russische Ingenieur in Wahrheit ein hoher Partei-
funktionär gewesen ist. Auf diesen Kommunisten – mit
dem Namen Scharaschadew – muß Pater Engelmar einen
seltsam tiefen Einfluß gehabt haben.

Übereinstimmend wird bezeugt, daß sich Pater Engelmar in vorbildlich aufopfernder Weise um die russischen
Häftlinge gekümmert hat. Letztlich vollzog sich hier viel
Heroismus in der Stille, überdeckt vom lauten Getriebe
des Lagerlebens. Für Pater Engelmar traf genau das zu,
was die Karmelitin Edith Stein (1891–1942) einmal so formuliert hat: „Ich wußte von den ersten Lebensjahren an,
daß es viel wichtiger sei, gut zu sein als klug."

15.

Freiwillig in die Typhusbaracken

In den letzten Dezemberwochen 1944 und im Januar 1945 spitzte sich die Lage in Dachau immer mehr zu: In wenigen Wochen hatte eine Flecktyphus-Epidemie das Lager erfaßt. Der Tod wütete grausam. Man pferchte die Menschen, die vom Typhus befallen waren, in bestimmten Baracken zusammen, weil das Krankenrevier sie nicht mehr fassen konnte.

Schutzlos ihrer Krankheit ausgeliefert, starben die Kranken wie die Fliegen. Eine Lagerstatistik weist einen Tagesdurchschnitt von mehr als hundert Toten aus (vgl. GID). Eine Baracke, mit 1600 Mann belegt, zählte nach wenigen Wochen nur noch 400 Mann.

In den Baracken herrschten entsetzliche Zustände. Die Kranken lagen in ihrem eigenen Kot im Delirium, stöhnten, schrien, verfielen dem Wahnsinn und wälzten sich in Anfällen. Sie waren über und über mit Läusen (den Krankheitsüberträgern!) und Flöhen bedeckt und lagen auf nackten Brettern.

Paul Ferrier schildert die entsetzlichen Zustände in den Typhusbaracken von Dachau so: „Wir waren voller Läuse und Flöhe. Viele hatten keine Matrazen mehr und lagen nackt auf den Brettern. Da sie nicht aufstehen konnten, wurden alle Bedürfnisse am Ort verrichtet. Von den oberen Betten fiel der Schmutz auf die unteren. War einer zu sehr beschmutzt, so wurde er auf Verlangen der Kameraden in den Waschraum gezerrt, mit groben Bürsten abgescheuert und wieder auf die Bretter geworfen ... (zitiert

118

bei J. Joos: Leben auf Widerruf). Über die Prozedur der Desinfektion (Ende Januar 1945) schreibt Ferrier: „Um sechs Uhr morgens mußten wir zum Bad. Wer nicht gehen konnte, wurde nackt oder halbnackt auf eine Karre geworfen. Es war sehr kalt. Viele von uns hatten 40 Grad Fieber. Wer nicht schnell genug vorankam, erhielt Stockschläge vom Blockältesten. Wem es im Bad nicht gelang, gleich zur Dusche zu kommen, wurde über den Zementboden geschleift und in einen Wasserbehälter getaucht ... Die Rückkehr zum Block erfolgte abends 8 Uhr, barfuß; viele waren ohne Kleider. Wir waren also 14 Stunden im Bad festgehalten ohne Speise und Trank ... In den folgenden Tagen erhöhte sich die Zahl der Toten erheblich. Die Leichen, mit einem Erkennungszettel am Fuß, hat man je zu zehn im Waschraum aufgeschichtet, längs der Baracke. Von da ging's zum Krematorium, nachdem Goldzähne und Plomben entfernt worden waren."

Laut Edgar Kupfer-Koberwitz (Die Mächtigen und die Hilflosen) starben allein im Januar 1945 2800 Menschen im Lager, die meisten an Fleckfieber.

Freiwillige Helfer gesucht!

Wegen der unmittelbaren Todesgefahr war kaum jemand bereit, einen Pflegeposten in den verseuchten Baracken anzunehmen. In dieser Zeit schlimmster Not und höchster Gefahr, als das Fleckfieber rasend um sich griff, als viele Pfleger und Ärzte starben, kam der Aufruf von der Lagerleitung: Freiwillige Helfer auf die verseuchten Blocks! Man wandte sich besonders an die Priester.

Pater Sales Heß schreibt: „In dieser Verlegenheit erinnerte sich die Lagerleitung der Geistlichen. Auf einmal kannten sie unseren Opfersinn, obwohl wir sonst in den Augen der SS doch nur Volksschädlinge und Blutsauger waren. Die Entscheidung war nicht leicht, sie erforderte

Heroismus im höchsten Grad. Jeder, der sich zum freiwilligen Krankendienst in den verseuchten Baracken meldete, durfte nicht mehr auf den Block zurückkehren. Für ihn gab es keinen Gottesdienst mehr. Drüben bei den armen Invaliden wartete Arbeit, unangenehmster Krankendienst, in Hülle und Fülle. Dazu die stete Ansteckungsgefahr und keine Mittel zur Pflege. Mit neunzig Prozent Gewißheit konnte unter den gegebenen Umständen jeder Freiwillige mit seinem Tod rechnen. Wie freute sich jeder auf ein Wiedersehen mit der Heimat, auf die Rückkehr in die langersehnte Seelsorgearbeit! Und doch, sehr gewichtige Gründe sprachen für die Annahme solcher Pflegestellen ... In diese verlauste Isolierung kam kein SS-Mann mehr. Die Pfleger konnten Seel-Sorge treiben, nachdem sie kaum etwas für die Genesung der Fleckfieberpatienten tun konnten ..." (a. a. O.).

Mochte die Lagerleitung beabsichtigen, was sie wollte, die Priester nahmen den Aufruf der SS an. „Es fanden sich zehn Freiwillige auf Block 26 und zehn auf Block 28, lauter Helfer im wahrsten Sinne des Wortes. Eiferer für die Rettung der Seelen! Mit ihrem Einzug in die Todesbaracken entfaltete sich eine rege pastorale Tätigkeit. Jeder, der wollte, konnte beichten, kommunizieren, die heilige Ölung empfangen und ruhig und getröstet den letzten schweren Gang antreten" (S. Hess).

Von den 20 Priestern, die sich als freiwillige Helfer zur Verfügung stellten, waren zehn Deutsche und zehn Polen. Sie hatten den Entschluß gefaßt, ihr Leben im Dienst christlicher Nächstenliebe, im Dienst an den Ärmsten der Armen zu opfern. „Es war ein heroischer Entschluß heldenhafter Priester-Samariter" (FDA). Unter den 20 Geistlichen war auch Pater Engelmar.

Pater Otto Pies erinnert sich: Die 20 Priester meldeten sich „in vollem Wissen um die Gefahr und in der Bereitschaft, ihr Leben zu opfern ... Viele Monate hindurch wurden auf der Priesterbaracke Tag für Tag kostbare Lebensmittel, Obst und Medikamente gesammelt und trotz eigener Not und Gefahr den Kranken im Revier (und in den Seuchebaracken) zur Verfügung gestellt – ohne Ansehen der Person, der Religion – und trotz Verbot, das Revier zu betreten und Kranke zu betreuen ... Auch zum Blutspenden bei Transfusionen meldeten sich viele Geistliche, um gefährdeten Kameraden das Leben zu retten. Nur weniges geschah öffentlich; das meiste blieb im Verborgenen, und das war sehr viel. Trotz Verbot und Sperre sind im Revier ständig Priester ein- und ausgegangen, um die Kranken zu versorgen und zu versehen, auch auf den Seucheblocks. Für den Wissenden steht fest, daß die Caritas einen mehr als gewöhnlichen, ja bei nicht wenigen Priestern einen heroischen Grad annahm" (zitiert bei R. Schnabel a. a. O.).

Ein harter, fast unmenschlicher Dienst

Zur Zeit, als sich Pater Engelmar mit seinen Mitbrüdern freiwillig zur Typhuskrankenpflege meldete, herrschte allergrößte Not. Pfarrer Josef Witthaut, der mit Pater Engelmar befreundet war, berichtet: „Allmorgendlich waren uns ja die gnädig vom Schnee halbverdeckten Toten, die auf den Moorexpreß zum Abtransport warteten, grauenvoller Beweis des Geschehens in der Seuchenbaracke. Von Pater Unzeitig weiß ich als Bettnachbar bestimmt, daß er sich bei seiner Meldung der Schwere der Entscheidung bewußt war" (SvD 11/69).

Nach Pater Johannes Maria Lenz meldeten sich die 20 Geistlichen (auf einen Aufruf von Lagerdekan Georg Schelling hin) am 11. Februar 1945 (Sonntag Quinquagesima) zum freiwilligen Dienst. Wahrscheinlich – so lauten die Aussagen mehrerer „Ehemaliger" – hatte sich Pater Engelmar schon Wochen vorher auf eigene Faust in einer anderen Baracke „eingeschlichen". Er war Blockschreiber geworden für russische Häftlinge, um seelsorglich „ungestörter" wirken zu können; auch, um die Todkranken zu pflegen. Jetzt – am 11. Februar – wurde Pater Engelmars Dienst an den Fleckfieberkranken sozusagen „offiziell".

Das war eine schicksalsschwere Entscheidung – und ein harter, fast unmenschlicher Dienst! „Nach wie vor war den Geistlichen unter Androhung strenger Strafen verboten, sich im Lager religiös zu betätigen. Aber sie kümmerten sich überhaupt nicht mehr darum. „Sie waren Priester, und hier ging es um Seelen, um die Seelen der zu einem gräßlichen Sterben Verdammten ... Als sie in die Todeszone gingen, wußten sie, daß es ein Todeskommando war. Achtzehn der zwanzig freiwilligen geistlichen Helfer wurden ein Opfer der Epidemie, nur zwei überlebten, der Dominikaner Pater Leonhard Roth und der Jesuit Johannes Maria Lenz" (A. Berger: Kreuz hinter Stacheldraht).

Das Bild, das sich den freiwilligen Helfern bot, war ein Inferno, wie es der italienische Dichter Dante (1265–1321) nicht grausamer hätte schildern können. Es war die Hölle, mit Worten nicht zu beschreiben. Doch die 20 Geistlichen begriffen, daß der an sie ergangene Appell Gottes Wille war. Sie gingen an die Arbeit: Sie „fegten die Bretter und Pritschen sauber, so gut es ging, wuschen die verdreckten, schwitzenden, stinkenden, zu Skeletten ausgemergelten Leiber, sammelten verlauste Kleider ein, zündeten sie an, das Feuer fraß sich hinein in den von Läusen wimmelnden Kleiderberg, vernichtete die Kleider, aber das Ungeziefer schien unsterblich zu sein ... Und fortwährend rollten neue Transporte mit Häftlingen aus den Ostgebieten ins Lager, und jeder Transport brachte neue Legionen von Ungeziefer mit ..." (A. Berger a. a. O.).

Weitere Details über den Dienst der 20 freiwilligen Helfer schildert ausführlich Pater Johannes Maria Lenz (a. a. O.). Bei seinen Samariterdiensten in der Typhusbaracke kroch er – mit dem Allerheiligsten in einer Butterdose – von Bett zu Bett, betete mit den Sterbenden, spendete die Sakramente und kletterte zum nächsten weiter. Lenz schreibt:

„Durch den unbeschreiblichen Schmutz der Lagerarmut, durch Ansteckung, Läuse und Hunger begleitete uns der Herr – durch Typhus, Ruhr, Enterokolitis (Entzündung des Dünn- und Dickdarms) und Krätze; die Ärzte sprachen von Cholera ... Das Seelsorgeverbot galt auch in den Typhusbaracken, doch die Todesangst hielt die SS fern ... Die Betten, drei Stockwerke übereinander, waren erschreckend ärmlich; einfache Holzgestelle mit Strohsäcken sollten es sein, jetzt nur noch Holzpritschen. Alles starrte vor Schmutz und Läusen, Eiter, Speichel und Kot ... Oft fehlten sogar die Bretter, andere Häftlinge hatten sie weggenommen, um Kartoffeln zu kochen, um die Baracke zu beheizen. Die Fensterscheiben fehlten, eisiger Wind wehte herzlos über die Sterbenden ... Eines Nachts um halb zwölf Uhr wurden wir von einem markerschütternden Schrei geweckt. Ein Kranker kletterte von seinem Bett, seine Hand blutete. Was war geschehen? Nun, er hatte seine wenigen Habseligkeiten mit einer Schnur an seine Hand gebunden. Jetzt hatte ihn ein räuberischer Leidensgenosse aus dem fernen Altai überfallen. Durch die Schnur geweckt, zog der Kranke seine Habe an sich; doch da fuhr ein scharfes Messer über Schnur und Hand ... Sooft meine Hände schmutzig waren, ging ich vom Nachtraum in den Tagesraum der Baracke. Dort standen zwei Schüsseln mit Lysollösung bereit. Dann ging es wieder zurück. Vier bis fünfmal am Tag durchsuchte ich meine Leibwäsche nach Läusen. 30 bis 50 waren das tägliche Ergebnis ..."

Pater Lenz verdanken wir sehr detaillierte Beschreibungen über die Arbeit der 20 Priester an den Fleckfieberkranken. Ausführlich berichtet er über Pater Engelmar und dessen stille und heroische Arbeit bei den Kranken. Viele Informationen und Gedanken finden sich in einem persönlichen Brief, den er 1947 – zwei Jahre nach Kriegsende – an Sr. Adelhilde-Regina Unzeitig schrieb und der in seinem Dachaubuch abgedruckt ist.

In diesem Brief nennt Pater Lenz Hubert Unzeitig seinen Freund: „Ich hatte an ihm wirklich einen besonders eifrigen Mitarbeiter in allen caritativen Anliegen. Ein stiller, selbstloser Helfer war er, eine wahrhaft priesterliche Opferseele, unser Pater Engelmar ... Bescheidenheit war sein Wesen. Er konnte aber auch sehr energisch sein, sobald es um die Wahrheit ging, um sachliche Gründe. Niemals war es ihm um seine Person zu tun, und niemals verlor er die Ruhe, auch wenn er rücksichtslos sich zur unangenehmen Wahrheit bekannte. Solche Selbstlosigkeit kennt auch im Tadel keine Verletzung der Liebe."

Pater Engelmars Hauptanliegen – so Pater Lenz – war die Seelsorge an den kranken und dem Tod geweihten KZ-Gefangenen. „Die leibliche Hilfe war ihm nur notwendige Voraussetzung und Frucht seiner priesterlichen Nächstenliebe. Er hörte seinen Armen gerne die hl. Beichte und tröstete sie in seiner ruhig-gütigen Art im Elend des Lagers ... Hubert war ein Mann, der kein Opfer scheute. Doch das Wertvollste an ihm war seine übernatürliche priesterliche Seelenhaltung." Und weiter: „Pater Engelmar opferte alle Freizeit für die armen Kameraden verschiedener Nationen. Er schenkte ihnen noch viel mehr als seine Zeit und selbstlose Mühe: seine ganze priesterliche Liebe. Das war sein Ziel, während der Tod schreckliche Ernte hielt."

Weiter heißt es in dem Brief: „Eines Mittags wurde ich

an ein Fenster der zweiten Stube gerufen. Unser Hubert hatte geklopft, hatte um mich gebeten. Ich weiß nicht mehr, welches Anliegen er hatte. Doch er war heiter – bei allem tödlichen Ernst der Lage. Das Glück seines priesterlichen Wirkens sprach aus seinem edlen, feingeschnittenen Antlitz. – Einige Tage später ließ er mich abermals um die Mittagsstunde ans Fenster rufen. Er wollte hl. Krankenöl für seine Sterbenden; ihm war es ausgegangen. Glücklicherweise konnte ich ein wenig aushelfen. Aber sein Angesicht ließ mich diesmal erschrecken. In hohem Fieber erglänzten die Augen, und die eingefallenen Wangen zeigten scharf geränderte rote Flecken. Etwas gekrümmt stand er da. Eng zog er seine dünne Häftlingsjacke zusammen, weil der Fieberfrost ihn schüttelte. Auch war es noch Winter, etwa um den 20. Februar 1945. Meine Mahnung zur Vorsicht beantwortete er mit einem freundlichen Lächeln. Er unterschätzte völlig seine gefahrvolle Lage und schien es nicht zu ahnen, daß der Tod ihn bereits unwiderruflich festhielt. Er wollte ja noch vielen helfen, und viele warteten auf seine Hilfe. An sich selbst jedoch dachte er nicht."

Soweit Pater Lenz. Der Jesuitenpater war einer der aktivsten Priester im KZ Dachau, aber auch einer der am meisten geschundenen: „Sechseinhalb Jahre war ich in Haft. Fünf Jahre davon im KZ Dachau. Dreimal in der Strafkompanie, zwölf Tage und Nächte in der Stehbunkerzelle, zweimal durch Typhus nahe dem Tode – wie oft durch Hunger! In Todesgefahr durch Arbeit, Schläge, Revolver. Sechseinhalb Jahre vom Leben geraubt – mitten aus den besten Mannesjahren. Ein Unglück? – Keineswegs! Der Wille Gottes war es, und Gott will nur das Gute."

Den letzten Satz hätte auch Pater Engelmar schreiben können. Auch er legte alles, was er tat, in die Hände Gottes. Seine Verbundenheit mit Gott war so groß, daß er alles Leiden tapfer und geduldig ertrug, daß seine Liebe zu den Mitgefangenen keine Grenzen kannte. Aus der Hinwendung zu Gott erwuchs seine Zuwendung zu den Menschen. Er handelte ganz im Sinne eines Wortes von Helder Camara: „Wenn du ein Stück Holz hast, das du ins Wasser werfen kannst, sei du selbst ein lebendiges Holz für die Schiffbrüchigen, deine Brüder!"

„Liebe verdoppelt die Kräfte"

Pater Engelmar schrieb in den letzten Wochen seines Lebens noch einige wenige Briefe. Deren Zustellung war durch die vermehrten Luftangriffe Ende des Krieges schwierig geworden. In einem Brief vom 14. Januar 1945 an Pater Otto Heberling bedankt er sich für die Weihnachtspost und für die erhaltenen Pakete. Zum Schluß heißt es: „Im Vertrauen auf den Herrn gehen wir ins neue Jahr und hoffen, wieder für die Ehre Gottes und das Heil der Seelen arbeiten zu können. Es grüßt alle Mitbrüder aufs herzlichste Ihr dankschuldiger H. Unzeitig" (BAD).

In seinem nächsten Brief – datiert vom 28. Januar 1945 – sagt Pater Engelmar seiner Schwester ebenfalls herzlichen Dank für alle empfangenen kostbaren Liebesgaben. Er hofft, daß Gott den Menschen bald den Frieden geben werde, und schreibt gegen Endes des Briefes: „Im übrigen wollen wir weiter aus Gottes Hand annehmen, was er in Zukunft schicken wird, und ihm alles aufopfern mit der Bitte, er möge der schwer geprüften Menschheit recht bald den heißersehnten Frieden schenken."

In seinem letzten Brief aus Dachau – ohne Datum und ohne Adresse (aber wohl an Sr. Adelhilde-Regina geschrieben) – leuchtet noch einmal Pater Engelmars überwältigende Liebe zu Gott und den Menschen auf. Vermutlich war er schon angesteckt, als er diese Zeilen schrieb, wollte sich jedoch seinen Angehörigen gegenüber nichts anmerken lassen. Auf dem Original dieses Briefes hat jemand vermerkt: „Sr. Adelhilde Unzeitig, Neuenbeken“. Ferner: „Der letzte Brief aus dem KZ von Pater Engelmar Unzeitig CMM“. Dieser Brief ist sozusagen das Vermächtnis Pater Engelmars, sein „Testament“. Hier der volle Wortlaut:

„Meine liebe Schwester! Auch ich freute mich sehr, als ich nach langer Zeit von Dir ein Lebenszeichen erhielt. Viel Schuld daran tragen vielleicht auch die gestörten Verkehrsverhältnisse. All das nimmt uns aber nicht die Gelassenheit, da wir uns alle in Gottes Hand wohl geborgen fühlen, wie der hl. Paulus sagt: Wir mögen leben oder sterben, wir sind des Herrn! All unser Tun, unser Wollen und Können, was ist es anders als seine Gnade, die uns trägt und leitet. Seine allmächtige Gnade hilft uns über die Schwierigkeiten hinweg, ja, wie die hl. Felizitas sagte, leidet der Heiland selbst in uns und ringt zusammen mit unserem guten Willen um den Triumph seiner Gnade. So können wir seine Ehre mehren, wenn wir seiner Gnadenschaft kein Hindernis entgegensetzen und uns restlos an seinen Willen hingeben. Liebe verdoppelt die Kräfte, sie macht erfinderisch, macht innerlich frei und froh. Es ist wirklich in keines Menschen Herz gedrungen, was Gott für die bereithält, die ihn lieben. Freilich trifft auch sie die rauhe Diesseitswirklichkeit mit all dem Hasten und Jagen und dem ungestümen Wünschen und Fordern, mit ihrer Zwietracht und ihrem Haß wie ein beißender Frost, aber die Strahlen der wärmenden Sonne der Liebe des allgütigen Vaters sind doch stärker und werden triumphieren, denn unsterblich ist das Gute, und der Sieg muß Gottes bleiben, wenn es uns auch manchmal nutzlos erscheint, die Liebe zu verbreiten in der Welt. Aber man sieht doch immer wieder, daß das Menschenherz auf Liebe abgestimmt ist und daß ihrer Macht auf die Dauer nichts widerstehen kann, wenn sie sich wirklich auf Gott und nicht auf die Geschöpfe gründet. Wir wollen weiter alles tun und aufopfern, daß Liebe und Friede bald wieder herrschen mögen.

Hat Dir Friedrich auch schon so lange nicht geschrieben? Gott möge ihn stärken und schützen und trösten. Wir sind noch, Gott sei Dank, heil und unversehrt, auch Pater Lenz. Deiner stets im Gebete gedenkend, grüßt Dich herzlichst Hubert" (BAD, Februar 1945).

Wenige Wochen, vielleicht nur wenige Tage nach diesem Brief starb Pater Engelmar – am 2. März 1945, nur einen Tag nach seinem Geburtstag – 34 Jahre alt; vielleicht sollten wir sagen: 34 Jahre jung! Der Totenschein (das Original befindet sich wie die Original-Schreibstubenkarte des KZ Dachau in Arolsen/Internationaler Suchdienst des Roten Kreuzes) weist folgende Daten aus:

„Abgang durch Tod!" steht in fetten Lettern über dem Schein, der am 2. 3. 1945 im „Häftlingskrankenbau" des Konzentrationslagers ausgestellt worden war. Dann folgen die persönlichen Daten: Geburtstag, Geburtsort, Beruf, Religion, einweisende Dienststelle (Stapo Linz 667/41 IID), Revieraufnahme: 20. 2. 1945, und Todesstunde: 7 Uhr 20 Minuten; ferner: Leichenschau: 2. 3. 1945 um 14 Uhr. Diagnose: Typhus exanthem". Dann Unterschrift (unleserlich!) des Lagerarztes/SS-Hauptsturmführers.

Die Todesstunde ist also bekannt: Pater Engelmar starb am Freitag, dem 2. März 1945, um 7.20 Uhr. Über die letzten Tage seiner Krankheit erfahren wir noch ein paar Details aus einem Schreiben von Pfarrer Josef Witthaut an Sr. Adelhilde-Regina, datiert vom 21. September 1945:

„Der Block Huberts wurde besonders gefährdet (durch Fleckfieber) und kam in strenge Isolation – und nach einigen Tagen hieß es, auch Hubert sei infiziert und in Revierbehandlung gekommen. (Die Aufnahme in die Krankenbaracke erfolgte, wie wir aus oben erwähntem Totenschein wissen, am 20. Februar 1945! Anm. d. Verf.) Wir haben dann vom Priesterblock aus ständig geholfen. Ich

128

Konzentrationslager Dachau.
Häftlingskrankenbau

den 2. März 1945.

Abgang durch Tod!

Gef. Art. Sch. Name: U K Z L I I G Hubert   **Block:** 23 **Nr.:** 26147

geboren: 1.3.1911 zu Greifendorf.   **Beruf.**R.K. Geistlich

Fam.-Stand: ledig   **Kinder:** —   **Relig.:** R.k.A.D.

Wohnort: Glöckelberg, Kr.Krummau.

Einweisende Dienststelle: Stapo Linz 667/41 II D

Revieraufnahme: 20.2.1945   **Gestorben:** 2.3.1945 um 7 Uhr 20 Min.

Leichenschau: 2.3.1945   **Zeit:**

Diagnose: Typhus exanthem.

Todesursache: Versagen von Herz und Kreislauf bei Typhus exanthem.

Der Lagerarzt

SS-Hauptsturmführer.

KL.37/443.500.000.

Todesbescheinigung im KZ – Kopie des Originals, das beim Internationalen Roten Kreuz in Arolsen liegt.

glaube, daß er auch eine gute Pflege gehabt hat. Wir hatten wenigstens ständig Fühlung mit ihm durch einige gute Pfleger, die uns auch ständig über den Krankheitsverlauf der erkrankten Priester auf dem laufenden hielten. Es hieß, Hubert Unzeitig sei auf dem Weg der Besserung und habe die Krisis überstanden. Dann kam ein Rückschlag; die Kommunität (der Dachau-Priester, Anm. d. Verf.) hat zwei Tage für ihn besonders gebetet, dann kam aber doch die Todesnachricht. Nachdem er mit den Sterbesakramenten wohl versehen war, ist er seinen Weg zum Herrgott gegangen. Die Leiche wurde dann mit einem anderen Priester zusammen würdig aufgebahrt und eingesegnet. Die ganze Kommunität hat ihm das Priester-Totenoffizium gehalten und ein feierliches Requiem aufgeopfert …" (GA).

16.

Ein Held der Caritas

Pater Engelmars Tod war der Tod eines Märtyrers, eines Menschen, der über seine Person gleichsam stillschweigend hinwegging und sich nur um andere kümmerte; der nie etwas aus sich machte; der nicht klagte, sondern litt und schwieg; der Trost fand im Gedanken an Christus, der am Kreuz verhöhnt und verspottet worden war; der Ruhe und Gelassenheit in gefährlichen, oft auch in verzweifelten Augenblicken an den Tag legte; der ein solch heldenhaftes Beispiel gab, daß selbst der Mutloseste wieder Mut schöpfen konnte. Seine Leiche wurde im Dachauer Krematorium verbrannt – und zwar einzeln, was einer Initiative von Pfarrer Richard Schneider zu verdanken ist.

Schneider, Jahrgang 1893, war seit November 1940 in Dachau. Er kannte Pater Engelmar sehr gut, war mit ihm zusammen auf Stube 2 des Priesterblocks und schätzte seine ruhige, unauffällige und bescheidene Art. In einem persönlichen Schreiben bekennt er: „Ich sah in Pater Engelmar – wie alle meine Mitbrüder – einen Heiligen. Weil ich ihn so schätzte, habe ich mich damals bemüht, seine Asche zu bekommen" (GA).

Das war ein gewagtes Unternehmen; es hätte Schneider und allen anderen Beteiligten den Kopf kosten können. Aber der aus Hundheim bei Tauberbischofsheim stammende Geistliche hatte einen festen Plan. Er schreibt: „Es war nach dem Bekanntwerden seines Todes mein einziger Gedanke, wie es möglich wäre, seine sterblichen Überreste zu erhalten, die sonst nach dem Verbrennen im Krematorium in ein Aschengrab mit vielen gekommen wären. Meine Beziehungen mit dem Kapo des Krematoriums (einem aus Karlsruhe stammenden Kriminellen namens Mahl, Anm. d. Verf.) machte das möglich. Ich frug ihn, ob er nachts, wenn er allein dort arbeite, den Leichnam von Unzeitig allein verbrennen und die Asche mir bringen könnte. Er sagte mir, ich möchte ihm seine (Unzeitigs) Lagernummer bringen. Denn jedem Toten wurde mit Tintenschrift diese Nummer auf einen Arm oder die Bauchdecke geschrieben. Dies war nötig, weil in der Lagerkartei vermerkt war, ob einer Goldplomben im Munde habe, und nach dieser Nummer dann diesem erst die Plomben entfernt wurden, bevor er auf einem Karren zum Krematorium gebracht wurde. – Wirklich brachte mir eines Morgens, bevor wir ausrückten, der Kapo in einer Tüte die Asche. Am Lagertor gefragt, was er in der Tüte habe, sagte er: Streusand – und konnte weitergehen … Ich habe die Asche in ein Säckchen genäht, auf das ich mit Tusche schrieb: Vera cinera (korrekt: Veri cineres! Anm. d. Verf.) beati in Domino defuncti P. Unzeitig, dann in ein Kistchen eingeschlossen, auf dem ein U eingeschnitzt wurde, und über Herrn Leo Pfanzer aus der Plantage nach der Stadt Dachau bringen lassen …" (GA).

Leo Pfanzer, 1903 in Höchberg bei Würzburg geboren, war stellvertretender Chef bei der Baywa in Dachau. Weil er immer wieder mit der Plantage des Konzentrationslagers geschäftlich zu tun hatte (Kartoffellieferungen, Aufkauf von Blumen, Verkauf von Sämereien und dergleichen mehr), fiel es kaum auf, wenn er mit dem einen oder anderen Häftling kurzen Kontakt aufnahm. Pfanzer war Parteimitglied und somit für die SS-Leute außer Verdacht. Doch er war alles andere als ein Anhänger der Nationalsozialisten. Auf ihn konnten sich die Kleriker 100prozentig verlassen.

Pfanzer nahm also die Asche Pater Engelmars im KZ

entgegen. Nach seinen Angaben befanden sich in dem von Pfarrer Schneider übergebenen Kistchen mit Asche noch kleinere Knochenreste sowie das Gebiß. Er bewahrte alles zunächst in seiner Privatwohnung in Dachau auf und brachte es Ende März 1945 per Bahn nach Würzburg. In einem Gespräch im September 1981 in seinem Haus in Plattling bei Straubing sagte Leo Pfanzer:

„Ich wollte die Asche selbst übergeben; die Naziherrschaft dauerte ja noch an, man mußte vorsichtig sein. Und ich wollte auch mein geliebtes, inzwischen zerbombtes Würzburg sehen, wollte mich bei meinen Verwandten und Bekannten umsehen. So nutzte ich diese Gelegenheit, die Frankenmetropole zu besuchen, die nun ganz in Schutt und Asche lag. Im Haus der Mariannhiller Missionare auf dem Mönchberg – es hatte erstaunlicherweise den Bombenangriff überstanden – übergab ich die Asche den dortigen Patres. Damit hatte ich alles getan, was mir aufgetragen worden war."

Wie es dann weiterging, erfahren wir aus einem Brief von Pater Willehad Krause, Rektor im Piusseminar in Würzburg, den er am 7. Juli 1947 an die Geschwister Unzeitig schrieb:

„Oft denke ich an seine (Pater Engelmars, Anm. d. Verf.) Primiz zurück und freue mich noch heute, daß ich dort sein und ihm die Predigt halten durfte. – Ob Sie wohl wissen, daß wir seine Asche in unserem Grab auf dem hiesigen Friedhof bestattet haben? – Es war damals hier ein furchtbares Durcheinander. Am 16. März 1945 wurde Würzburg durch einen einzigen Bombenangriff fast völlig zerstört. Von der eigentlichen Innenstadt blieb nichts mehr übrig. Da unser Seminar am Rande der Stadt steht, kamen wir mit einigen Schäden davon. Am 29. März erhielt ich auf großen Umwegen ein hölzernes Kistchen. Darin war in einem Leinensäckchen die Asche unseres Paters Engelmar. Ein Begleitschreiben sagte, daß es die wirkliche Asche sei. Am 30. März 1945, Karfreitag, haben wir dieses Kästchen in unsere Gruft gesenkt, während die Brandbomben noch auf dem Friedhof explodierten. – Vor einigen Wochen (also im Juni 1947, Anm. d. Verf.) erbat ich mir von der Friedhofsverwaltung die Erlaubnis, die Gruft zu öffnen und die Asche in einer inzwischen beschafften Messingurne beizusetzen. Das Leinensäckchen war zerfallen. Auf dem Boden des Kästchens fanden wir zwei Briefe in einem Umschlag. Aber sie waren durch die Feuchtigkeit so verklebt, daß wir sie nicht mehr völlig retten konnten. Der eine war mit Bleistift geschrieben. Ich vermute, daß Sie, Frl. Marie, der Absender waren. Der andere Zettel war mit der Maschinenschrift geschrieben, aber nicht mehr zu entziffern. – Dann haben wir die Urne schön zugelötet und wieder in unsere Gruft gesenkt. So darf er wenigstens bei seinen Mitbrüdern ruhen hier in Würzburg, wo er studiert hat und die hl. Weihen empfing. Ich bin überzeugt, daß er im Himmel unser Fürsprecher ist. Als bei den letzten Kämpfen um Würzburg im April 1945 wir im Artilleriefeuer lagen und die Granaten in Haus und Kirche einschlugen, habe ich immer wieder Pater Engelmar angerufen, und ich bin überzeugt, daß wir es seiner Fürbitte zu verdanken haben, daß wir noch so gut durch das Unheil hindurchgekommen sind. Seien Sie alle herzlich gegrüßt von Ihrem in Christo ergebenen Pater Willehad Krause, Rektor" (GA).

Die letzten Wochen in Dachau

Mit dem Tod Pater Engelmars und der Beisetzung seiner Asche auf dem Friedhof in Würzburg könnte eigentlich diese Biographie schließen. Aber das KZ Dachau bestand ja noch einige Wochen weiter. Deswegen wollen wir hier noch ein wenig verweilen, bevor wir dann nochmals kurz auf Pater Engelmar zurückkommen.

In den letzten Wochen vor Kriegsschluß grassierten im

Lager wilde Gerüchte. Mal hieß es, die SS habe den Auftrag von Berlin, das gesamte Lager in die Luft zu sprengen, mal war von einem Bombenangriff der deutschen Luftwaffe die Rede, dann wieder von einem Schießbefehl Heinrich Himmlers, alle KZ-Insassen zu „erledigen".

Mitten in diesem Hin und Her von Gerüchten und Aufregungen wurden Ende März – fast wie aus heiterem Himmel – eine Reihe von Geistlichen entlassen. Es begann am Dienstag in der Karwoche, dem 27. März 1945. Auf dem Entlassungsschein stand: „Entlassen aufgrund einer Verfügung des Reichssicherheitshauptamtes vom 23. 3. 1945." Große Erleichterung im Lager! Hoffnung kam wieder auf, die auch die Häftlinge der anderen Baracken erfaßte.

Die Entlassung der Geistlichen ging anhand von vier Listen vor sich, die Blockschreiber/Lagerdekan Georg Schelling schon Wochen vorher – am 15. Februar – hatte anfertigen müssen. Es befanden sich an diesem Stichtag 1478 Geistliche im Konzentrationslager. Auch Pater Engelmars Name war aufgeschrieben; er wäre (mit großer Wahrscheinlichkeit) unter den „frühzeitig" entlassenen Geistlichen gewesen, wenn ... Ja, wenn er noch gelebt hätte! Ein „Ehemaliger" versicherte, Unzeitig sei sogar aufgerufen worden. Man hatte die Mitte Februar 1945 angefertigten Listen nicht auf den neuesten Stand gebracht, nicht gewußt, wer von den Aufgeführten bereits verstorben war. Das allgemeine Durcheinander im Lager war zu groß gewesen!

Vom 27. März bis zum 11. April ging die Entlassungsaktion. Die Geistlichen hatten vor ihrer Entlassung unterschreiben müssen, daß sie sich im Lager keinerlei Krankheiten zugezogen hätten, ans Lager keinerlei Forderungen stellten und über die Vorgänge im KZ schweigen würden. Mit etwas Reiseproviant und ein paar Kreuzern in der Tasche wurden sie freigelassen. Von rund 320 Geistlichen aus Deutschland, Österreich und dem Sudetenland gingen 168 in die Freiheit.

Und warum diese ganze Aktion? Nach Angaben eines Häftlings wünschte Hitler, daß Papst Pius XII. mit den Alliierten verhandle – und zwar wegen eines eventuellen gemeinsamen Vorgehens gegen den kommunistischen Osten. Daraufhin soll der Papst gefordert haben: Ehe er an irgendwelche Mittlerdienste denke, müßten die Priester in den Konzentrationslagern entlassen werden. So sei die kurze „Entlassungswelle" im März/April 1945 zu erklären. Dann aber habe Himmler weitere Entlassungen gestoppt, nachdem klar geworden war, daß die Alliierten auf Hitlers Vorschläge überhaupt nicht eingehen würden. Die „restlichen" Priester mußten also mit rund 30 000 anderen Häftlingen in Dachau bleiben, bis Ende April der Befehl zum berüchtigten „Todesmarsch" gegeben wurde.

Am 26. April 1945 wurden alle reichsdeutschen KZ-Häftlinge sowie ein Teil der Russen und Jugoslawen auf den Appellplatz befohlen, schätzungsweise 7000 Mann. Jeder erhielt eine Wolldecke und Marschverpflegung für zwei Tage. Dann mußte sich die Kolonne in Bewegung setzen: Evakuierungsmarsch – Richtung Ötztaler Alpen! Die verbliebenen Häftlinge (ca. 20 000 bis 24 000) sollten „rechtzeitig" umgebracht werden.

Wie viele der „Evakuierten" den Todesmarsch, der am 1. Mai 1945 in Waakirchen bei Tegernsee endete, überlebten, ist nicht bekannt. Von den 89 Geistlichen, die am Marsch teilnahmen, wurden 35 durch einen nächtlichen Handstreich von Jesuitenpater Otto Pies befreit; einige konnten sich auf eigene Faust absetzen. Die restlichen auf Marsch befindlichen Geistlichen durften sich nach Verhandlungen mit den SS-Führern auf dem nahegelegenen Hof eines südbayerischen Pfarrers selbst „internieren"; sie machten ihren Führern klar, es sei doch sinnlos weiterzumarschieren, da die Front immer näherrücke; man solle sie doch gehen lassen.

Für die in Dachau zurückgebliebenen Häftlinge kam dann am Sonntag, dem 29. April, der verheißungsvolle Tag. Der tschechische Priester (Blockältester) Josef Plojhar sprach beim Gottesdienst: „Ich verkünde euch eine große Freude. Die SS hat das Lager verlassen, auf dem Hauptturm des Lagers weht die weiße Fahne. Haltet Disziplin! Vorsicht ist geboten; eine kleine Anzahl SS (Kampftruppe Wicker) ist noch auf den Türmen bei den Maschinengewehren …"

Bei Schleißheim lag ein SS-Kommando mit Artilleriegeschützen. Es sollte auf das Lager schießen, doch dazu kam es wegen des raschen Anrückens der amerikanischen Panzer nicht mehr. Was jetzt geschah, war wildes Tohuwabohu und lauter Freudentaumel bei den Häftlingen.

Hans Carls schreibt, eine bayerische Zeitung zitierend, die Amerikaner hätten das Lager in der Nähe des Krematoriums betreten. „Sie stürzten sich sofort auf die SS-Baracken und töteten die sich wehrenden SS-Männer, wo immer sie sich zeigten … – ‚Ich sah nie zuvor meine Leute in solcher Stimmung', sagte ein amerikanischer Leutnant später. ‚Sie waren wutentbrannt, liefen die Lagerstraße entlang, ohne Rücksicht auf Deckung. Keiner dachte an sein Leben, nachdem er die Güterwagen mit den verhungerten Gefangenen auf den Abstellgleisen beim Lager gesehen hatte.' – Die glücklichen Gefangenen stießen hysterische Schreie der Freude aus, als sie die Amerikaner sahen … Als das kurze, scharfe Gefecht vorüber war, lagen die Toten der SS-Garnison in grotesken Stellungen neben den Leichen der Internierten, die täglich zu Hunderten sterben mußten. Die amerikanische Truppe hatte keine Verluste" (a. a. O.).

Am ausführlichsten schildert wohl der österreichische Priester Johann Steinbock (Das Ende von Dachau) die Ankunft der Amerikaner im KZ Dachau: Als die Häftlinge vor dem Jourhaustor drei amerikanische Panzerspähwagen erblickten, brach lauter Jubel aus. Ein Pole stürmte durch die Toreinfahrt hinaus den Amerikanern entgegen, die sich anschickten, hereinzufahren; ein Schuß fiel, der Pole mußte verwundet ins Revier geschleppt werden. Unter der Einfahrt wurden die amerikanischen Soldaten auf die Schultern gehoben und ins Lager getragen. Einer der Soldaten nahm den Helm ab – es war eine Frau, eine Kriegsberichterstatterin. Während alles auf dem Platz und auch in den SS-Gebäuden hin- und herwirbelte, winkte von der Höhe der Galerie des Jourhauses ein amerikanischer Soldat um Ruhe. Dann folgte eine der ergreifendsten Szenen dieses Befreiungstages. Die Menge wurde still, schaute zum Soldaten hinauf. Der grüßte sie in deutscher Sprache und wünschte ihnen Glück zur Befreiung. Dann sagte er: „Gott ist dennoch gut. Obwohl hier soviel Greuel geschehen sind, schenkt er uns heute diesen Tag und diese Stunde der Befreiung. Deshalb wollen wir beten!" – Und er nahm seinen Helm ab, faltete die Hände und sprach mit lauter Stimme: „Allmächtiger Gott, wir sagen dir Dank für den Sieg und den Schutz, den du uns gegeben hast!" Und er stand noch eine Zeitlang schweigend und gesenkten Hauptes da.

„Gott ist dennoch gut!" Die Häftlinge wiederholten flüsternd die Worte des amerikanischen Soldaten auf dem Appellplatz von Dachau, wo viele von ihnen jahrelang von gottlosen Henkern und Henkershelfern geknechtet worden waren.

An heiliger Stätte beigesetzt

Kehren wir nach dieser – aus Platzgründen nur kurzen – Schilderung der letzten Wochen im KZ Dachau wieder zu Pater Engelmar zurück. Im Herbst 1968 wurde für ihn in der Herz-Jesu-Kirche der Mariannhiller Missionare in Würzburg eine schlichte Gedenkstätte geschaffen. Dorthin wurde seine Asche am Nachmittag des 20. November

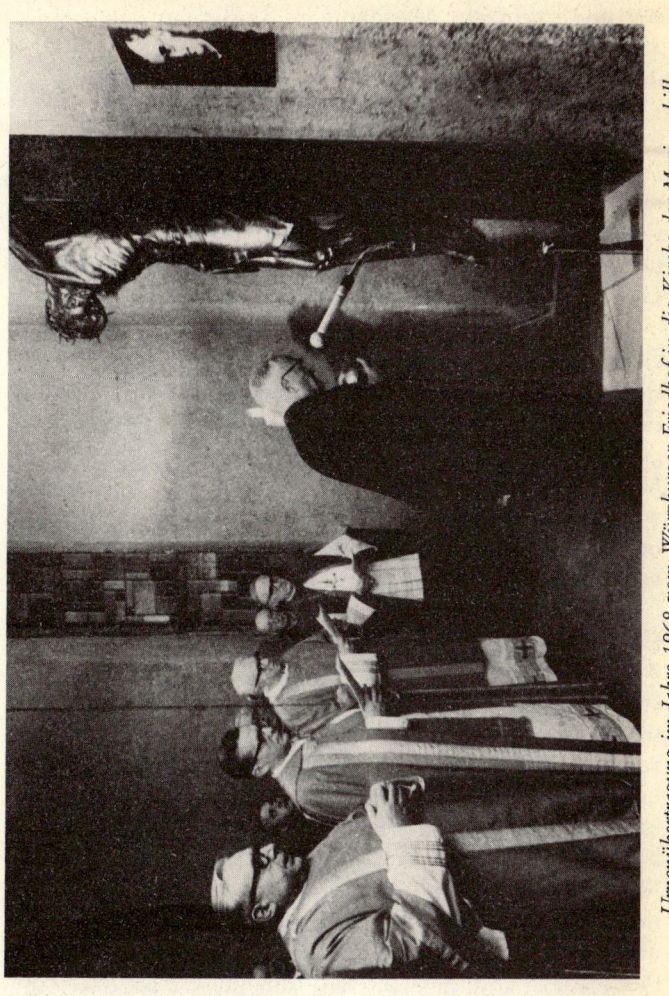

Urnenübertragung im Jahre 1968 vom Würzburger Friedhof in die Kirche der Mariannhiller

1968 (Buß- und Bettag) übertragen. Anwesend waren – neben vielen Gläubigen – vor allem ehemalige KZ-Priester und zahlreiche Mariannhiller Missionare.

Der feierlich gestaltete Gedenkgottesdienst stand unter dem Motto: „Eine größere Liebe hat niemand, als wer sein Leben hingibt für seine Freunde" (Joh 15,13). Die Festpredigt hielt Pater Dr. Sales Hess OSB. Darin schilderte er Pater Engelmar als einen Menschen, der sich durch eine fast übermenschliche Liebe und Güte im Dienst an seinen kranken und todgeweihten Mithäftlingen verzehrt und ihnen schließlich sein eigenes Leben geopfert hat. Hier ein paar Ausschnitte aus der Festpredigt:

„Wir wollen in dieser Feier nicht anklagen, was längst gerichtet und verurteilt ist. Wir wollen auch nicht heiligsprechen. Das ist Sache der Kirche. Aber es verlangt die Gerechtigkeit, daß wir Priester von Dachau Zeugnis ablegen von einem Heroismus, der das allgemein menschliche Maß überstieg, und Pater Engelmar hat es verdient, daß wir sein Heldentum mit der heutigen Feier ehren und seine Asche im Heiligtum beisetzen. Pater Engelmar war nicht irgendeiner von den fast 3000 Geistlichen von Dachau, der in einer Welt ohne Gott sein Leben hingab für Christus; Pater Engelmar war ein Held der Caritas und ein Held apostolischen Eifers ... Jahrelang hat er mit besonderem Eifer sich der Invaliden angenommen, sie getröstet, ihre Beichten gehört, sie mit Lebensmitteln versorgt ... Den Höhepunkt der Caritas und des priesterlichen Eifers erklomm Pater Engelmar in den letzten Monaten unserer Gefangenschaft ... In den Krankenstuben herrschte ein unerträglicher Pestgeruch. Diese vor Schmutz und Läusen starrenden Todeshöhlen waren sein tägliches Arbeitsfeld. Der Raum über den Betten war so niedrig, daß man nicht einmal aufrecht sitzen konnte. Der Geistliche mußte gebückt und kniend von Kranken zu Kranken kriechen. Der Versehtisch war jeweils die Brust des Kranken ... Die meisten empfingen die heiligen Sterbesakramente, und von denen, die wollten, starb dank des Heroismus von Pater Engelmar und seiner Helfer keiner ohne die Sakramente; etwas Unglaubliches für die Hölle von Dachau! ... Wir dürfen den Christen von heute das Wort Pater Engelmars zurufen: Tut Gutes; denn unsterblich ist das Gute, und der Sieg muß Gottes bleiben!" (FN/GA)

So ruht nun die Aschenurne Pater Engelmars, dieses Märtyrers der Nächstenliebe, in der Kirche, wo er 1939 zum Priester geweiht wurde. Mit Recht sagte bereits am 20. November 1968 nach der Aschenübertragung ein Geistlicher: „Wir sollten nicht länger *für* Pater Engelmar beten, sondern *zu* ihm."

In Pater Engelmar haben wir einen Mann vor uns, der ein wahrhaft heroisches Leben geführt hat. Er war ein Mensch, dessen Weg zum Gipfel der Vollkommenheit durch das tiefe Tal der Demut und Erniedrigung gegangen ist. Er war eine „konzentrierte" Persönlichkeit, d. h. eine Persönlichkeit, die aus der Macht des Religiösen lebte, die eine geistige Kraft ausstrahlte, deren Ursprung sich nicht mit der bloßen Vernunft erklären läßt. Kurz: Er war und ist ein Heiliger, um dessen Schutz und Fürsprache wir uns – im Sinne des oben genannten Geistlichen – im Gebet bemühen dürfen.

17.

Spuren der Liebe

Mit Einzelaussagen ehemaliger KZ-Priester, die Pater Engelmar gut gekannt haben, soll diese Biographie ausklingen. Es sind entweder mündliche Mitteilungen, die zum Teil auf dem KZ-Priester-Treffen in Freiburg im September 1981 gemacht wurden, oder Aussagen, die in vielen Briefen an die Mariannhiller Missionare enthalten sind (1981/84). Alle diese Informationen aus jüngster Zeit zeigen aufs neue: Pater Engelmar ist unvergessen; er hat Spuren hinterlassen, Spuren der Liebe.

*

Pater Clemente Pereira SJ: „Ich hatte in der Priesterbaracke meinen Platz direkt hinter Pater Engelmar. Es ist irgendwie seltsam, daß ich nur ihn immer noch vor mir sehe. Ich hatte damals den Eindruck eines schlichten, bescheidenen und tief religiösen Priesters, der nicht viel redete, aber bestimmt dafür viel betete ... Er war ein Heiliger! Kein Zweifel. Ich nehme dieses Wort nicht schnell in den Mund. Aber bei Pater Engelmar ist es angebracht; er war ein heiligmäßiger Priester!" (1981)

*

Pfarrer Franz Schobesberger: „Ich hatte Pater Engelmar Unzeitig in Dachau zum Tischnachbarn. Ich kann seine Liebenswürdigkeit und seine aufrichtige Freundlichkeit bezeugen, besonders seine Hilfsbereitschaft, wenn er mir, dem unerfahrenen Neuling im KZ, gern und unaufgefordert Ratschläge gab, die mir gute Dienste leisteten." (1982)

*

Pfarrer Eugen Weiler: „Ganz lebendig steht seine echt priesterliche Gestalt vor meiner Seele; ich würde mich sehr freuen, wenn Pater Engelmar Hubert Unzeitig zur Ehre der Altäre erhoben würde, denn der Advocatus diaboli dürfte im Prozeß sicher kaum etwas vorbringen können ..." (1981)

*

Pfarrer Hermann Scheipers (DDR): „Pater Engelmar strahlte etwas Heiliges aus, ohne Worte, ohne große Gesten. Er war zweifellos einer der unauffälligsten und liebenswertesten Mitbrüder in Dachau. Ich habe ihn gut gekannt. Aber er war so bescheiden, daß man fast nichts über ihn sagen kann." (1981)

Zwei Jahre später schrieb Pfarrer Scheipers: „Ein wunderbar reines Lebensopfer in der Nachfolge Christi brachte (Anfang 1945) Pater Engelmar Unzeitig ... Er starb kurz vor der Befreiung des Lagers. Man kann ihn sicher in eine Reihe stellen mit P. Maximilian Kolbe, der im Hungerbunker von Auschwitz für einen Familienvater sein Leben geopfert hat" (aus: Meine Erlebnisse im KZ Dachau, MS vom 26. 5. 1983).

Im Januar 1984 ergänzte Pfarrer Scheipers, inzwischen in Münster-Amelsbüren wohnhaft, seine Aussagen: „Trotz der vielen Gesichter, die man damals täglich in der Masse der Priestergefangenen sah, gab es bestimmte, die man nicht vergessen hat. Dazu gehört das Antlitz von P. Engelmar. Er hat mich von Anfang an beeindruckt, denn er strahlte sowohl Einfachheit, Demut und Bescheidenheit als auch eine dauernde innere Fröhlichkeit aus. Als ich – erst nach meiner Befreiung – von seinem Lebensopfer erfuhr, dachte ich sogleich: Das paßt ganz zu ihm! Und ich hatte vor ihm und auch den anderen, die dahingerafft waren, ein Gefühl der Scham, daß ich noch lebe ... Vielleicht hätte ich mich doch wie P. Engelmar entscheiden sollen – einfach, froh und voll Vertrauen! Ich hätte es jedenfalls einfacher gehabt, zu der Vollendung zu gelangen, die unser aller Ziel ist" (Brief an d. Verf., 5. 1. 1984).

*

Prälat Josef Albinger: „Mit Pater Engelmar verband mich tiefe Freundschaft. Wir waren zusammen in der Messerschmittfabrik von Dachau tätig. Es waren Tag- und Nachtschichten; alle vierzehn Tage wurde gewechselt. Da wurden auch Teile der berühmt-berüchtigten V 1 und V 2 hergestellt. Bei diesen Arbeiten war Pater Engelmar die Ruhe selbst; Ruhe und Halt in all der schrecklichen Unruhe des Konzentrationslagers. Er war gesammelt, freundlich, gelassen ..." (1982)

*

Pfarrer Heinz Römer: „In meinen Augen hätte auch dieser Märtyrer der Nächstenliebe es verdient, zur Ehre der Altäre erhoben zu werden." (1982)

*

Prälat Emil Kiesel: „Pater Engelmar Hubert Unzeitig? – Er war ein sehr lieber, wertvoller Mensch. Die Liebe in Person. Mehr kann ich nicht sagen. Das ist er gewesen: Liebe!" (1982)

*

Der letzte Satz faßt alle Aussagen über Pater Engelmar am schönsten zusammen: „Das ist er gewesen: Liebe!" Pater Engelmar vergaß sein eigenes Leiden im heroischen Dienst für andere, in der hinwendenden Liebe zum Hilflosen. Er hat in diesem Punkt sehr viel Ähnlichkeit mit dem französischen Missionar Charles de Foucauld (1858–1916), der einmal gesagt hat: „Liebe, das heißt, alles Wohlergehen gegen alle Schmerzen eintauschen um des Herrn willen."

Pater Engelmar war ein einfacher Mensch, ohne rühmliche Vergangenheit, ohne besondere Beziehungen. Er war eine unauffällige Persönlichkeit, sehr bescheiden, fast schüchtern. Aber größer als die Großen seiner Zeit machte ihn die Liebe, von der wir im 1. Johannesbrief lesen: „Dieses Gebot haben wir von Gott: Wer Gott liebt, muß auch seinen Bruder lieben" (1 Joh 4, 21).

Zu keiner Zeit seines Lebens machte Pater Engelmar Aufhebens von sich. Im Gegenteil: Er scheute alles, was ihm Beachtung und Ansehen verschafft hätte. Im Dienste Gottes und der Menschen verzehrte er sich. Er hatte keinen anderen Ehrgeiz als denjenigen, das zu sein, was er war, und zwar ohne Einschränkung und Bedingung: Priester und Ordensmann. Darin bestand seine Größe!

Nachwort

„Die Welt ist nicht nur aus Bosheit un-
gläubig, sondern auch aus Enttäuschung
über die Lauheit der Christen. Die Welt
wartet auf das Zeugnis unserer Liebe."

Bischof Albert Stohr, Mainz

Pater Engelmar Unzeitig war nur einer von vielen, einer
von Tausenden, die es verdient hätten, in ausführlichen
Biographien der Nachwelt vorgestellt zu werden. Der
Mariannhiller Missionar steht hier stellvertretend für alle,
die in Dachau und in anderen Lagern Unsagbares gelitten
haben; die wie Un-Menschen, ja wie Schädlinge behandelt wurden; die soviel Haß und Menschenverachtung an
Leib und Seele erleben mußten, wie es furchtbarer und
grausamer wohl nicht mehr geschehen kann.

Diese Schrift will eine Verneigung sein vor den Toten
der Konzentrationslager Hitlers und eine Reverenz vor
denen, die Dachau und andere KZs überlebt haben. Sie
möchte darüber hinaus deutlich machen, daß wir aus der
Geschichte lernen müssen, mehr noch: daß sich nie mehr
wiederholen darf, was einst in Dachau und anderswo geschehen ist.

Das ist keineswegs selbstverständlich. Denn „auch nach
dem 8. Mai 1945 ist der Kriegsbrand in der Welt nicht er-
loschen; es gibt Folter und Terrorismus, Gewaltherr-
schaft und Unfreiheit, es gibt menschenunwürdiges Elend
in unvorstellbarem Ausmaß" (Geistliches Wort der Deutschen Bischofskonferenz zum 8. Mai 1985, Nr. 7). Woher
kommt das? Anders gefragt: Woher kamen Krieg, Greuel
und Unfreiheit in der Zeit des Nationalsozialismus? Weil
die Ordnung nicht mehr stimmte. Gott wurde beiseite ge-
schoben. An seine Stelle traten Volk, Rasse, Staat.

Die Gefahr ist bei uns heute nicht groß, daß wir Volk,

Rasse und Staat an die Stelle Gottes setzen, aber anderes kann auf seinen Platz gestellt werden: materieller Wohlstand, Konsum, Ideologien. Worauf es deshalb ankommt, sagt der Münchener Jesuitenpater Alfred Delp (1907–1945), der selbst ein Opfer des Nationalsozialismus wurde: „Brot ist wichtig, Freiheit ist wichtiger, am wichtigsten aber ist die ungebrochene Treue und die unverratene Anbetung."

Darauf kommt es an, und davon hängt alles weitere ab: Gott anbeten, vor ihm die Knie beugen, vor ihm allein. Der Mensch ist nie so groß als dort, wo er vor Gott in die Knie geht. „Wo Gott allein gebietet, dort erst sind wir ganz frei", sagt Aurelius Augustinus, der größte lateinische Kirchenvater (354–430). Wir müssen Gott den Platz in unserem Leben geben, der ihm gebührt. Das gilt für den einzelnen, das gilt auch für die menschliche Gesellschaft. Die größte Gefahr für den Menschen ist die Gottlosigkeit, die sich auch in der Gottvergessenheit unter den Menschen breitmacht.

Gott den ersten Platz geben, seinen Willen erfüllen, seine Gebote halten, vor ihm anbetend unser Knie beugen – das ist das Vermächtnis der Bekenner und Märtyrer von Dachau, auch das von Pater Engelmar Unzeitig. Wir sollten es lebendig erhalten. Denn: „Die Liebe zu Gott ist die Quelle der rechten Liebe zum Nächsten" (Maximilian Kolbe).

Anhang

Zeittafel

1875   Maria Unzeitig, geb. Kohl, Mutter Pater Engelmar Unzeitigs, wird in Oberheinzendorf/Schönhengstgau (Ostmähren) geboren (22. August).

1879   Johann Unzeitig, Vater Pater Engelmars, erblickt (18. August) in Pohler das Licht der Welt.

1911   Hubert (Pater Engelmar) Unzeitig wird in Greifendorf bei Zwittau am 1. März geboren, am 4. März getauft.

1914   Ausbruch des Ersten Weltkrieges; Johann Unzeitig wird Soldat.

1916   Johann Unzeitig stirbt (14. Januar) in einem russischen Kriegsgefangenenlager an der Wolga – an Typhus.

1918   Kriegsende / Die Sudetengebiete werden der Tschechoslowakei angeschlossen, die Bewohner zwangsweise tschechische Staatsbürger.

1920   Hubert Unzeitig feiert Erstkommunion (16. Mai).

1921   Firmung in Zwittau (26. September).

1925/26 Arbeit bei einem tschechischen Bauern (als Knecht).

1928   Gymnasialstudien als Spätberufener in Reimlingen/Nördlingen.

1934   Abitur/Noviziat bei den Mariannhillern in Holland.

1935   Erste Profeß / Beginn der Philosophie- und Theologiestudien in Würzburg.

1937   Regina-Adelhilde Unzeitig, Pater Engelmars jüngste Schwester, tritt bei den Mariannhiller Missionsschwestern vom Kostbaren Blut in Wernberg/Kärnten ein.

1939   Subdiakonatsweihe (19. Februar), Diakonatsweihe (5. März) und Priesterweihe (6. August) in Würzburg; Primiz (15. August) in Greifendorf.
            Ausbruch des Zweiten Weltkrieges (1. September).

1940   Seelsorgerische Tätigkeit in Riedegg/Österreich und Glökkelberg/Böhmerwald.

1941   Verhaftung durch die Gestapo (21. April) und „Überstellung" ins KZ Dachau (3. Juni).

1943   Maria Unzeitig, Pater Engelmars Mutter, stirbt in Greifendorf.

1945   Pater Engelmar geht freiwillig in die Typhusbaracken von Dachau, wird infiziert und stirbt am 2. März.
            Beisetzung der aus dem KZ herausgeschmuggelten Asche auf dem Städtischen Friedhof in Würzburg (Karfreitag, 30. März).

1946	Vertreibung aller Sudetendeutschen; Pater Engelmars Verwandte werden evakuiert.
1949	Maria (Sr. Huberta) Unzeitig wird Mariannhiller Missionsschwester in Neuenbeken.
1968	Übertragung der Urne vom Städtischen Friedhof in die Mariannhillerkirche in Würzburg (20. November).
1985	40. Todestag (2. März).
1986	75. Geburtstag (1. März).
1989	50. Jahrestag der Priesterweihe (6. August).

Abkürzungen für Dokumente, Archive, Zeitschriften

GA   Generalats-Archiv der Mariannhiller Missionare, Via S. Giovanni Eudes, 91, I–00163 Roma/Italien.

BAD   Briefe aus Dachau von Pater Engelmar Unzeitig an seine Schwester Maria-Huberta – Juni 1941 bis Februar 1945.

SvD   Stimmen von Dachau („Römerbriefe"), Mitteilungsblätter ehemaliger KZ Dachau-Priester, 1946–1977, zuletzt redigiert von Pfarrer Heinz Römer, Neustadt a. d. Weinstraße.

mmm   Missionszeitschrift der Mariannhiller Missionare („mariannhill").

mmk   Mariannhiller Missionskalender.

FN   Familiäre Nachrichten, internes Mitteilungsblatt der Mariannhiller Missionare.

FDA   Freiburger Diözesan-Archiv, Band 90, 1970.

GID   Die Geistlichen in Dachau. Standardwerk von Eugen Weiler (St. Gabriel, Mödling 1971).

Buchliteratur

Wir nennen hier nur eine kleine Auswahl. Ausführlichere Literaturhinweise finden sich in dem Buch von Adalbert L. Balling „Eine Spur der Liebe hinterlassen". Missionsverlag Mariannhill Würzburg, Reimlingen 1984, S. 387–390.

Adam, Walter: Nacht über Deutschland, Österreichischer Verlag, Wien 1947.

Berger, Alexander: Kreuz hinter Stacheldraht, Hestia, Bayreuth 1963.

Bernard, Jean: Pfarrerblock 25 487, Pustet, München 1962.

Carls, Hans: Dachau, Bachem, Köln 1946.

Frank, Hans: Im Angesicht des Galgens, Plesse, Göttingen 1955.

Frankl, Victor E.: Trotzdem Ja zum Leben sagen, Kösel, München 1977.

Goldschmitt, Franz: Zeugen des Abendlandes, Felten, Saarlouis 1947.

Grün, Max von der: Wie war das eigentlich?, Luchterhand, Berlin-Neuwied 1981.

Haffner, Sebastian: Anmerkungen zu Hitler, S. Fischer, Frankfurt 1981.

Hess, Sales: Dachau – eine Welt ohne Gott, Sebaldus, Nürnberg 1946.

Höss, Rudolf: Kommandant in Auschwitz, dva, Stuttgart 1958.

Joos, Josef: Leben auf Widerruf, Walter, Olten 1946.

Kupfer-Koberwitz, Edgar: Die Mächtigen und die Hilflosen, 2 Bände, Vorwerk, Stuttgart 1957 ff.

Lenz, Johannes Maria: Christus in Dachau, Selbstverlag, Wien 1956.

Maser, Werner: Das Regime, Bertelsmann, München 1983.

Michelet, Edmond: Die Freiheitsstraße, Europa Contact, Stuttgart 1960.

Münch, Maurus: Unter 2579 Priestern in Dachau, Zimmer, Trier 1972.

Neuhäusler, Johann: Wie war das im KZ Dachau?, Kuratorium für Sühnemal KZ Dachau, München 1961.

Neuhäusler, Johann: Saat des Bösen, Manz, München 1964.

Picker, Henry: Hitlers Tischgespräche, Seewald, Stuttgart 1963.

Pies, Otto: Stephanus heute, Butzon & Bercker, Kevelaer 1957.

Pies, Otto: Helfende Hände, Freiburg i. Br.

Rost, Nico: Goethe in Dachau, Volk und Welt, Berlin 1948.

Schnabel, Raimund: Die Frommen in der Hölle, Röderberg, Frankfurt 1965.

Steinbock, Johann: Das Ende von Dachau, Österreichischer Kulturverlag, Salzburg 1947.

Steinweder, Leonhard: Christus im Konzentrationslager, Müller, Salzburg 1946.

Theek, Bruno: Keller, Kanzel und Kaschott, Union, Berlin 1961.

Trenker, Luis: Alles gut gegangen, Bertelsmann, München 1972.

Weiler, Eugen: Die Geistlichen in Dachau, Sankt Gabriel, Mödling 1971.

Wiechert, Ernst: Der Totenwald, Desch, München 1946.

Wilm, Ernst: Dachau, Evangelischer Verlags-Dienst, Dortmund-Hombruch 1946.

Wilm, Ernst: So sind wir nun Botschafter, Luther, Bielefeld 1979.

Zadek, Walter: Sie flohen vor dem Hakenkreuz, Rowohlt, Hamburg 1981.

Personenverzeichnis

Adalbert Ludwig Balling

Liebe macht keinen Lärm
Minuten-Meditationen
Band 1078, 128 Seiten, 2. Aufl.

Unseren täglichen Reis gib uns heute
Gebete aus der Dritten Welt
Band 1119, 128 Seiten

Der Trommler Gottes
Franz Pfanner, Ordensgründer und Rebell
Band 1123, 352 Seiten

Gottes Haustür steht immer offen
Minuten-Meditationen
Band 1159, 128 Seiten

Wenn die Freude Flügel hat
Ein Text-Bildbuch mit Fotos
von Werner Bleyer
96 Seiten, zweifarbig, Best.-Nr. 20224, 4. Aufl.

Wo das Glück zu Hause ist
Ein Text-Bildbuch mit Fotos
von Werner Bleyer
96 Seiten, zweifarbig, Best.-Nr. 20508, 2. Aufl.

in der Herderbücherei

Adalbert Ludwig Balling

Eine Spur
der Liebe hinterlassen

Pater Engelmar Hubert Unzeitig
1911–1945
Mariannhiller Missionar
„Märtyrer der Nächstenliebe"
im KZ Dachau

392 Seiten, 32 Seiten Fotos
Best.-Nr. 3-922267-27-0

„Möge die Lektüre Ihres Buches für viele Leser ein erhellender Beitrag zum Verständnis des christlichen Bekennermutes in jener dunklen Geschichtsepoche sein und so die Einsicht in den Herzen besonders der jungen Leser wecken helfen für ihre Verantwortung in Kirche und Welt von heute …"

Monsignore R. Marsiglio/Vatikan

Es ist gut, daß dieses Buch geschrieben wurde; es ist ebenso schlüssig wie gut konzipiert. Nichts ist an den Haaren herbeigezogen, alles ist fundiert und echt. Ich selbst habe mit Pater Engelmar Unzeitig vier Jahre im KZ Dachau verbracht; vier Jahre hat er in Dachau gelitten … Ich bin Pater Adalbert Balling dankbar, daß er die Last der mehrjährigen Arbeit auf sich genommen hat, aus den Quellen und der Literatur über diese „Welt ohne Gott" im KZ Dachau zu berichten und in diesem Rahmen das beispielhafte Leben von Pater Engelmar Unzeitig darzustellen.

Prälat Josef Albinger/Fulda

Missionsverlag
Mariannhill, Reimlingen